Decir lo imposible

CARLOS MOGUILLANSKY

Decir lo imposible

La función de la silueta en la elaboración simbólica de la catástrofe

teseo

Moguillansky, Carlos
   Decir lo imposible : la función de la silueta en la elaboración simbólica
de la catástrofe . - 1a ed. - Buenos Aires : Teseo, 2010.
   220 p. ; 20x13 cm. - (Psicología y psicoanálisis)

   ISBN 978-987-1354-62-7

   1. Psicología. I. Título
   CDD 150

© Editorial Teseo, 2010
Buenos Aires, Argentina

ISBN 978-987-1354-62-7
Editorial Teseo

Hecho el depósito que previene la ley 11.723

Para sugerencias o comentarios acerca del contenido de esta obra, escríbanos a: info@editorialteseo.com

www.editorialteseo.com

GRATITUDES Y RECUERDOS

En los años a los que hago referencia en este texto, un conjunto de personas valerosas sufrió la peor de las suertes: vivió en carne propia la barbarie. Su causa fue desconocida y, al momento de su muerte, sólo unos pocos dieron testimonio de algún justo reconocimiento por su esfuerzo en favor de sus ideales. Resumiré, en mi recuerdo de Emilio Torrallardona y de Marta Brea, los miles de muertos y desaparecidos en su lucha por un mundo mejor. A ellos los conocí personalmente y los valoré como los más generosos en brindarse en favor de los demás. Al hacer estas notas, los he tenido una vez más como compañeros de aquel sueño imaginado.

Quiero agradecer al IDAES por alojarme con sus redes y su tradición científica, a Laura Malosetti-Costa por abrirme un horizonte tan amplio como sorprendente e incierto, a Cecilia Hidalgo por su generoso apoyo, a Gastón Burucúa por su generosa erudición y a Cristina Bissón por su laboriosa corrección de mi texto.

Quiero agradecer a APDEBA, un lugar imprescindible para mi profesión. Allí compartí lo más importante de mi vida con el psicoanálisis. A mis maestros L. Wender, A. Painceira y J. Puget. A mis mayores de *Lanús*: M. Goldemberg, V. Baremblit, Zev Kuten y Aurora Pérez; al grupo de los miércoles: Asbed y Delia Aryan, Cali Barredo,

Nora Barugel, Cristina Bissón, Diana Chernisser, Delia Faigón, Raúl Levín, Miguel Leivi, Berta Manticow, Daniel Rodríguez e Inés Vidal, que fueron mi grupo primario en el psicoanálisis; a mis amigos de los jueves, los de los primeros tiempos: Cali, otra vez Cris, Alberto Pérez Cohen, Clara, Delia, Adriana, Perla... y los de ahora: Adriana Agesta, Noemí Antebi, Marta Bergagna, Laura Blumenfarb, Marcos Koremblit, Adriana Landau, Clara London, Eduardo Russo, Carla Scotti, Perla Tannenhaus, Florencia Tchina, Hebe Umansky, Noemí Waindenbaum y Alicia Werba. En ellos tengo mi grupo, ese ámbito necesario para confrontar y discutir las ideas.

Quiero recordar a mis compañeros de militancia de aquellos años: el Gordo Canceco, Rafael Iniesta, Osvaldo Devries, Juana y Cristina Torrallardona, Pipo Brusca, Ema Brandt, Andrés Carrasco, Susana Quiroga y una vez más Cris, con quienes forjé mis ideas en esa lucha desigual. A Enrique, mi hermano. A Cris, por tantas cosas, la vida entera, el placer de frecuentar las cosas bellas, su sensibilidad y delicadeza. A mis pibes, tan inteligentes, sorprendentes, sencillos y amorosos, con quienes jugar es un placer. A Marina, que me apoyó con su cariño, su delicada y enorme capacidad, sus conocimientos, sus libros, sus discretos modos de arrimarme un nuevo ángulo de los hechos... Sin ellos este texto no sería el mismo.

ÍNDICE

Introducción

El estudio de la recuperación simbólica de las vivencias catastróficas abre una vía de expresión a una singular geometría de la representación. El hecho catastrófico es más un fenómeno subjetivo que objetivo, en tanto resulta del fracaso de la comprensión de un acontecimiento. Sea esto debido a la intensidad del incidente, a su cualidad insoportable o a su contexto particular, en cualquier caso resulta en una experiencia de horror que no puede ser asimilada ni reconocida por un individuo o por una comunidad. Hablamos en esos casos de una catástrofe individual o colectiva al detectar un fracaso simbólico. En la catástrofe queda impedida la comprensión. Su memoria sólo se expresa como una caótica manifestación emocional, que expresa la crisis afectiva producida por el hecho.

En la recuperación ulterior de la catástrofe, se advierte el uso frecuente de figuras que delimitan un espacio nuevo y de discursos que abren una brecha en el discurrir usual. Esa singular estrategia figurativa y ese inhabitual modo de introducir un discurso nuevo tienen el doble propósito de rememorar un hecho doloroso del pasado y de invitar a un acto imaginativo relativo a sus causas o a sus posibles soluciones. La trama de esas soluciones figuradas puede variar, pero en todos los casos remite a recortar un espacio expresivo que rememora a un ausente y que ofrece un espacio anónimo para la reflexión. Algunos ejemplos de esas figuras son el contorno dibujado alrededor de un cuerpo, la

silueta de una figura anónima en un afiche (o simplemente
pintada en aerosol), la aureola sombreada por un cuadro
en una pared, el espejo, etc. En otros casos se trata de la
figuración del vacío: en un cuadro o en una foto; en una
manifestación popular, como un espacio delimitado por
los miembros de ésta –creado durante las manifestaciones
de protesta de las Madres de Plaza de Mayo–; en una mesa
tendida; en una caja; en el medio de la representación de
un grupo de figuras; en la composición de un álbum de
familia; en las evocaciones de soledad o lejanía de algunas
pinturas; en la ubicación solitaria de un objeto o de un
resto anónimo, etc.

Estas distintas figuras evocan un rostro posible, pero
lo muestran en su ausencia a través del retruécano de su
ausencia representativa. Al mismo tiempo permiten que
surja el sobreentendido de un sentido anónimo, neutro y
genérico, que evoca un rostro concreto y otros posibles,
a los que recordamos y a todos en general. Esa neutralidad anónima está a tono con lo que se debe representar.
Respeta la idea de una totalidad cuyos límites y número
son desconocidos y considera la ambigua condición de
ausente de los ausentados. En esa representación caben
los muertos, los vivos y los ausentes; los que no están y los
que están para recordarlo, los que vivieron esos hechos y
los que saben de ellos sólo de oídas. El borroso armado
emocional de esa figura representa una totalidad distinta de la suma jurídica, práctica o real de los ausentados,
pues toma en cuenta una igualmente ambigua geografía
emocional. La condición genérica de la figura permite un
alojamiento de todas las posibles perspectivas de quienes
participaron del acontecimiento catastrófico: sus víctimas
directas, sus testigos, sus partícipes alejados y todos aquellos
que de alguna manera se sienten aunados y aquejados por
el acontecimiento, en un nosotros que une, en una misma
implicación emocional, a todos con todos.

En el relato observamos una operación similar de alojamiento. En ella un sentido nuevo abre una brecha en el discurso, y produce una significación que le pueda dar cabal comprensión. La comparación de esos dos fenómenos paralelos, uno imaginario y el otro en el seno de la palabra, da pie para observar una serie de fenómenos implícitos en ambas operaciones. En primer lugar, el alojamiento no es pasivo ni automático. Difiere de la inclusión de un hecho en una nomenclatura previa, pues no se trata de generar cualquier narración ni de encontrar cualquier lugar a un hecho que busca su ubicación discursiva o su visibilidad imaginaria en el seno de un narrador con un deseo y una historia particulares. En la articulación entre la catástrofe y su posible recuperación, se dan marcas, implicaciones, identificaciones, registros y memorias. Esas operaciones tienen un umbral exigente, pues el relato sólo producirá una impresión de realidad si consigue evocar una experiencia de cabal reconocimiento. Una experiencia similar al encuentro entre el sujeto y la representación, cuando éste tiene el valor de un reencuentro con una experiencia previa y conocida. La sorpresa sólo será eficaz si convoca un afecto de reconocimiento, si provoca una resonancia interior que la reconozca como propia.

En los casos de una articulación exitosa, el lugar imaginario y el discurso remiten uno a otro, y se abren a un relato nuevo que incluye el hecho en la brecha de una historia posible y narrable. Eso supone una mutua inclusión: el pleno ingreso del hecho en la propia historia de alguien y la inclusión de un sujeto en un hecho que antes le resultaba incomprensible. Si las figuras y los relatos dan una adecuada articulación de la catástrofe, llega el momento del uso de la experiencia en una espiral simbólica. El caos y el orden se enhebran en un juego de permutaciones y reflexiones que expanden el universo de sus significados. Los hechos ganan un nombre. Desde la perspectiva de ese punto de vista singular, se reordena el universo desde un cierto ángulo y según ejes determinados.

El juego sirve como una poderosa herramienta simbólica que trasciende el juego en apariencia inocente de un niño. El juguete hereda tanto la función de alojamiento de la figura como la dimensión dramática y narrativa del relato. En la serie que va desde la sencilla maniobra de anticipación de la conducta predadora en un cachorro, pasando por los juegos reglados, hasta el sofisticado juego creador imaginativo, encontramos un curso creciente de representación y de simbolización. Si bien ya podemos encontrar una distancia lúdica entre el juego del gatito con su carretel y la caza del ratón del animal adulto, es recién en el juego reglado y en el juego imaginativo donde se despliega la distancia simbólica entre el juego y los hechos que elabora. El niño que juega al doctor con su osito de peluche resuelve el dolor que le produjo la maniobra médica, los juegos de las escondidas resuelven la ansiedad por la distancia, el juego de pelota hereda los ritos de la conquista del sol, las rondas infantiles son un retoño de los ritos nupciales, etc. Ya sea que se usen reglas establecidas o sean creadas al efecto, el juego despliega un ámbito elaborador de la experiencia práctica. Ese ámbito es una figura donde se dramatiza un relato, en tanto es un escenario recortado en el que las reglas de la imaginación se separan de las leyes del mundo práctico. En esa cancha, en ese mundo imaginario y en esa casa de muñecas, el tiempo y los hechos se demoran en una escena tan irreal en la práctica como real para la vida anímica. El juego reitera ese clima emocional en el que lo mítico, lo histórico y lo narrativo se adueñan del sentido y otorgan un significado a lo que acontece en la neutra e insensible vida práctica.

Se dice que el hombre se olvidó de jugar; que el mundo del progreso lo alejó de la vida imaginativa y lo hizo naufragar en la superficialidad del consumo; que el mundo se volvió un extenso museo en el que todo se exhibe, pero no se puede usar y que el *Homo homini lupus* reemplazó a los juegos creativos de la vida. En este desierto donde no crece la imaginación, ésta quedó recluida en el escenario de algún teatro, en la aventura de un loco que interroga con sus inquietudes a un público asustado por ser invitado a participar, o se esconde en algún patio juvenil donde unos chicos juegan al amor o a la guerra. Parece difícil jugar en estos tiempos. Muchas veces quien juega es tildado de "extraviado", y el juego queda reservado a las inocencias de un niño. Sin embargo, el juego conserva su potencia elaboradora y auxilia en la solución de las catástrofes, a condición de que sepa abordar el horror que las impregna con el debido respeto por la intensidad de su dolor y con la necesaria distancia para generar un símbolo allí donde sólo había una vivencia de horror. No es fácil jugar con el dolor ni con el horror; sin embargo, ante ellos la simbolización del juego parece ser nuestra mejor apuesta.

EL CONTORNO

Las matanzas masivas de inocentes atraviesan la vida humana desde los inicios de la historia conocida. Nada presagia que en el futuro no sigan devastando el mundo, con mayor perfeccionamiento técnico y con una estrategia más sutil. En ese cuadro aterrador, no es sencillo distinguir el límite entre la matanza cruda y el sórdido exterminio que asuela la vida corriente de poblaciones enteras, tanto en el mundo sin desarrollo como en la frontera de nuestra orgullosa civilización. Estas matanzas generan vivencias difíciles si no imposibles de concebir, asimilar y recuperar como una parte de nuestra vida. Nuestra intolerancia para asumir como propias esas vivencias da vía libre a la desmentida y a la escisión de nuestro registro consciente. Eso suele ser usado con ventaja por el poder de turno como parte de su estrategia de dominio. Esas vivencias merecen ser consideradas catástrofes en tanto su misma definición enfatiza su falta de elaboración simbólica.

Las catástrofes naturales introducen un paradójico factor adicional: al no haber un autor humano del desastre, la queja por el dolor no tiene un destinatario que responda, y sólo puede realizar una atribución irracional a algún poder sobrenatural como agente de la injuria. La necesidad de explicación y la falta de un agente que responda introducen una cuestión animista en la elaboración simbólica de la catástrofe en ese caso.

Sin embargo, el examen de algunas catástrofes –el
genocidio armenio, la Shoá, Hiroshima, la dictadura militar
1976/83– permite observar, que en medio de la desolación
general, se abren algunas ventanas hacia una estrategia de
recuperación simbólica. En ese particular modo de representar las emociones, se hace posible el registro, elaboración
y asimilación de las catástrofes en la memoria personal de
sus víctimas y en la historia de una cultura determinada.
Esa resiliencia se abre camino en el dolor de pérdida por
las muertes e injurias sufridas, y en el dolor de efracción,
que surge cada vez que un hecho inconcebible abruma la
concepción humana de la vida. El marco de esas ventanas
elaborativas da continencia a un nuevo modo de pensar los
hechos. Como un Aleph originario, engloba en su burbuja
inicial esos universos posibles, y da cabida a su expansión.
La creatividad forma parte de esa estrategia elaboradora,
y el arte y la cultura suman sus herramientas expresivas
al servicio de reconocer, registrar y narrar lo inconcebible.
    Estas recuperaciones simbólicas dejan algunos ras-
tros eficaces que permiten realizar un examen preliminar.
Hay registros esporádicos en los que una silueta humana,
un contorno abstracto, una figura realizada en tiza sobre
el pavimento, un cuerpo esbozado, unas cajas vacías o
bien una mesa tendida se ofrecen: primero, como una
rememoración de los ausentes y luego, como una brecha
en el discurso, en el espacio y en el tiempo. Si bien la rememoración es indispensable, el segundo tiempo cobra
una importancia mayor; esa brecha pide un tiempo y un
espacio en el discurso corriente para decir algo nuevo, se
ofrece para que alguien disponga de ella, ponga en marcha su imaginación y se aúne con esa catástrofe y consigo
mismo. Sucesivamente, iré ilustrando diferentes ejemplos
de este particular entramado de la representación emocional. Esa serie puede ser inaugurada por el contorno en su
forma más sencilla, como un trazo de tiza dibujado que

sigue el contorno de un cuerpo humano yacente sobre el piso. Ése es un ejercicio corriente en algunas escuelas de arte. Como se verá, dicha figura expresiva encontró un lugar sobresaliente como metáfora de las más diversas manifestaciones de rememoración de una catástrofe en la lucha humanista contra la violencia genocida. Hace algún tiempo se presentó, en el Museo Malba de Buenos Aires, la composición de una figura muerta representada por una bolsa de basura rodeada por un contorno de tiza en el piso, similar a la de las figuras policiales. Esa figura formó parte de la muestra que realizó el Proyecto Pentágono, titulada *La era de la discrepancia. Arte y cultura visual en México* en junio-agosto de 2008. En ella se rememoraba la masacre de Tlatelolco[1].

En julio de 2008, se realizó en Pittsburgh (USA) una manifestación pacifista en memoria de Hiroshima. Se dibujó con tiza el contorno de los cuerpos de algunos manifestantes, y se invitó a los transeúntes a acostarse en ellos. Las *chalk outlines* (literalmente, los contornos de tiza) se dibujaron contorneando una figura humana en el pavimento del PNC Park, frente al Río Allegheny, para recordar el 63.o aniversario de esa tragedia. En un periódico cultural de esa ciudad, encontramos la crónica del hecho con fotografías de esas siluetas junto a un artículo de Robin Alexander sobre la masacre nuclear en Japón de 1945, titulado "Sombras de Hiroshima" (*Pittsburgh's Peace*

---

[1]   Su título corresponde a la frase "Viva la discrepancia" de Javier Barros Sierra, el rector de la UNAM (Univ. Nacional Autónoma de México), al conmemorar la matanza de Tlatelolco. Se trata de una bolsa de basura envuelta en plástico negro, que se halla rodeada de una línea blanca sobre el piso, similar a las siluetas que dibuja la policía para designar el lugar de una muerte ocurrida en la calle. El principal contenido de esa muestra era la protesta contra el autoritarismo. *Catálogo Discrepancias*, Museo Malba, Buenos Aires 2008.

and Justice Newspaper, 2008)[2]. Al dibujar con tiza las figuras sobre el pavimento, se abrió un espacio, y se introdujo una brecha discursiva (*blank*), que dio un giro inaugural a una versión de los hechos[3]; supongamos, permitir a alguien imaginar la paz sobre la memoria que dejó la traza de un cuerpo calcinado por la bomba. Esa representación tiene una doble perspectiva: es una imagen (*outline*) que intenta reproducir un rostro y también un espacio inaugural (*blank*) que se abre a algo sin rostro.

Ante la imposibilidad práctica y emocional de representar los rostros reales de las víctimas, ese hecho invisible conforma lo esencial de esa memoria. La foto de la primera página del periódico muestra a una mujer recostada sobre el piso, ocupando uno de los contornos, rodeada de varias siluetas similares. Los participantes usaban ropa negra y llevaban sombrillas mientras marchaban. Luego se recostaron y, a su alrededor, se dibujaron las siluetas para simbolizar las sombras que se grabaron *(burned)*[4] sobre el pavimento de las calles de Hiroshima. Los paraguas dejaron evidencia de la lluvia negra que siguió a la bomba.

---

[2]   Se trata del artículo "Shadows of Hiroshima", publicado en el *Pittsburgh's Peace and Justice Newspaper*, Vol. 38, N.o 8, Tomas Merton Center, Setiembre de 2008, 5125, Penn Ave., 15224 PA.

[3]   La idea de *outline* surgió de las *chalk outline,* que representan la impresión de la sombra de figuras humanas realizadas sobre el pavimento de Pittsburgh durante una manifestación que recordaba Hiroshima en julio de 2008. Sobre esas siluetas, que rememoraban la impresión que la sombra humana había dejado en el suelo de Hiroshima, se acostaban los manifestantes para disponer de un momento para imaginar la paz. Eso puede ser entendido con la idea de intervalo en un discurso (*blank*),que sigue las teorías de A. Wagner, "Drawing a blank". *Representation* 72. UCP, California 2000. El título de la manifestación fue: *"Shadows of Hiroshima: remembering Hiroshima, imagining peace".*

[4]   *"Burned"* resulta intraducible en este caso, pues condensa con elocuencia tanto grabar como quemar; deja en claro cuál fue el modo en que esas impresiones quedaron grabadas sobre el pavimento de Hiroshima cuando explotó la bomba.

En el alegato discursivo que acompañó a la demostración, se dijo: "Pedimos a Pittsburgh que tome un momento de su día para imaginarse caminando entre esas sombras y considerar las consecuencias de permitir que esas bombas continúen existiendo en nuestro mundo". (Gary Huck, 2008). El eslogan de la convocatoria no pudo ser más ilustrativo de las ideas que aquí se exponen: "Recordando Hiroshima, imaginando la paz". (Ibídem, 2008: 4*)*. En la elaboración de esa masacre, se recurre a la imaginación y a la memoria como el modo privilegiado de superación de ese dolor. El contorno procura ese espacio de un modo redoblado; como la impresión representativa de esa otra impresión práctica de los cuerpos devastados que el calor nuclear produjo en el pavimento y como un contorno donde alguien pueda tomarse un rato para imaginarse estando en ese mismo lugar, y lograr una identificación con las víctimas. Se advierte el curioso anonimato de este caso, igualmente presente en los siguientes que considero más adelante. La silueta es anónima, tan anónima como el cuerpo impreso en el piso, único resto de quien fue esta persona. El contorno se ofrece como un resto vacío para representar lo que falta del ausente. Eso que es esencial y que en el fondo corresponde a aquello que estrictamente el ausente ha sido siempre. Pero, además, se ofrece como una brecha potencial para la tarea de imaginar.

La imagen de un rostro pretende ser la copia fiel de éste, pero incluye la perspectiva de quien ejerce el acto de representar. Su primera intención de copiar es difícil de imaginar sin la distorsión de un sujeto que se preste a interpretar los hechos desde su rol de narrador, interponiendo su propia subjetividad, sus emociones, su memoria y sus olvidos. La copia y la interpretación son dos vectores del intento humano por representar su vida, y están presentes en toda representación, imponiendo sus direcciones en una mezcla variable. Sólo en algún caso extremo se podrá verlos como un factor casi único. En cambio, la representación como brecha surge a partir de un contorno vacío. Es un caso especial y ocupa un lugar aparte, pues inaugura un intervalo discursivo y permite la apropiación simbólica de algo aún sin significado. Esa brecha se abre hacia dentro de sí y aprovecha el contorno (*blank*) para delimitar una figura de un fondo y cerrar, en una Gestalt, los hechos dispersos. Cuando la brecha se llena con la imagen que se produce dentro de aquélla, pierde su cualidad genérica y termina produciendo un rostro definido (*outline*). Su anonimato inicial se puebla de nombres, recuerdos y vivencias que permanecían en la memoria a la espera de una oportunidad para ser evocados. Su lugar vacío se llena de experiencias nacientes que obtienen allí el *placet* para ser pensadas por primera vez. La idea de acostarse sobre una silueta dibujada en un pavimento para pensar una paz posible nos da un atisbo de qué tipo de función está en juego en esa situación.

Veamos los hechos desde otra perspectiva. J. A. Miller[5] atribuyó a Montesquieu la anécdota siguiente: en una recepción oficial parisina, un diplomático se presentó con su atuendo nativo, por cierto muy llamativo y ajeno a las costumbres francesas. Según reza la tradición, sus llamativas maneras y su vestuario acuñaron la frase zumbona: "¿Cómo se puede ser un persa?"[6]. Nos habla de la extrañeza ante lo extranjero y de la sorpresa ante un modo de ser ahí completamente diferente del propio. Si la frase señala alguna dificultad francesa para sostener sus deberes de hospitalidad, su eficacia reflexiva local no tarda en llegar en la frase equivalente: "Entonces, ¿cómo se puede ser

---

[5]   Miller, J. A. Conferencia dictada en agosto de 2000 en la Asociación Psicoanalítica de Buenos Aires.

[6]   Cf. referencia a *Las cartas persas* de Montesquieu (1721), A. Editorial, Madrid, 2009.

un francés?", que echa por tierra la zumbona chicana y la infatuada investidura del burlón. Lo otro y lo propio son tan arbitrarios y ridículos como el vestuario persa ante los ojos de un francés y las ropas de un francés ante los ojos persas. Esas preguntas cumplen, en el terreno de las palabras, una función similar al contorno de tiza, pues inauguran una brecha que permite repensar algo consabido.

La experiencia desbarata el prejuicio social. Si esos prejuicios son eficaces obstáculos entre locales y extranjeros, entre propios y ajenos, entre grupos de distintas ideas, qué decir cuando se enarbolan contra las diferencias entre personas y pueblos por la simple razón de que son como son o creen lo que creen. Donde se acaba la comunidad de versiones es imposible la traducción, más allá de cierta buena voluntad. La apresurada "fusión de horizontes" que introdujo Gadamer se estrella contra el malentendido usual que ocurre entre cada pensar y cada autor, enfrascados como están en la solipsista penumbra de sus propias referencias. Esas inocentes preguntas denuncian nuestra cómoda posición en la que, enfrascados en un doble monólogo, creemos que dialogamos.

El contorno y la pregunta rompen una totalidad y, al abrir su brecha, muestran la permanente tensión entre lo consabido y el desorden del caos. Si es posible un tránsito del orden al desorden, podremos preguntarnos cuáles son las reglas del camino inverso, en el que la catástrofe encuentre su posible simbolización. Este ir y venir entre el caos y el símbolo puede ser iluminado desde el otro extremo de la cuestión presentado por la experiencia. La experiencia surge como la rara posibilidad humana de producir algo singular, sin las emboscadas del prejuicio. La experiencia creativa tiene sus fronteras, en primer lugar, con la vivencia envasada en su celofán de moda, que clausura cualquier intención original. Pero aquí interesa el otro extremo, donde la experiencia linda con la catástrofe,

en tanto ésta es el resultado de la conmoción de una perspectiva comunitaria o individual, que resulta devastada por
un hecho inconcebible. Si de un lado la vivencia supone la
clausura de la curiosidad, del otro la catástrofe amenaza la
frágil estructura de nuestra capacidad de dar significado.
En el extremo del celofán, la oferta del consumo promete
el ilusorio ingreso a un territorio idealizado. En el otro
extremo, la catástrofe desmorona las perspectivas previas
y las envía a un destino implosivo.

Dentro del pensamiento psicoanalítico, W. Bion (1972)[7]
describió la catástrofe en el contexto del cambio psíquico.
Bion pensó el cambio catastrófico como el cambio radical de ver los hechos que tiene el ser humano, mientras
la catástrofe sería el mal resultado inesperado en el que
se pierden todas las iniciales referencias de sentido. El
criterio es bastante claro: el cambio, por dramático que
sea, mantiene las coordenadas cruciales que sostienen la
continuidad de la experiencia. De este modo las diferentes
vivencias de un cambio se experimentan en una unidad
vivencial. Si esas referencias caen o son destruidas por la
turbulencia emocional, el cambio catastrófico se vuelve
una catástrofe psíquica.

Las ideas de Bion se entroncan dentro de la tradición conceptual inaugurada por el concepto de trauma
psíquico. En la primera versión freudiana, el trauma es el
hecho causal que desencadena una situación neurótica;
se explicaba la neurosis como efecto de una experiencia
traumática imposible de elaborar. Cuando Freud descubrió las inconsistencias de su teoría de la seducción, el
concepto de trauma sexual tuvo un lugar más restringido,
y su eficacia etiológica dependía de su interacción con un
terreno predispuesto por otras experiencias y fantasías.
El lugar privilegiado de la teoría de la sexualidad infantil

---

[7]   Bion, W. *Transformaciones*, Centro Editor, Buenos Aires, 1972.

(Freud, 1905)[8] y el valor explicativo de las series comple-
mentarias ubicaron el trauma como una vivencia que
colma un vaso ya de por sí inestable. Luego, sin embargo,
los estudios sobre las neurosis de guerra y las experiencias
ligadas al sobresalto exterior llevaron a Freud (1920)[9] a
reformular su hipótesis sobre el trauma y a pensarlo como
una vivencia que no podía ser ligada por las referencias
de la memoria. El hecho traumático no podía compren-
derse ni ligarse a otras experiencias y permanecía en un
más allá del principio rector del psiquismo, el Principio
de Placer (Freud, Ibíd.). Su comprensión ulterior sólo era
posible si algún significado personal era obtenido en la
ligadura de esa vivencia con los registros psíquicos de la
persona. En este brevísimo recorrido por la noción del
trauma freudiano, se puede advertir que, si bien el peso
de cada factor fue valorado de un modo diferente, tanto
el componente actual del trauma como el antecedente
previo del terreno predispuesto nunca dejaron de estar
presentes en la ecuación. El trauma define un suceso complejo entre un acontecimiento y su posible comprensión,
en este caso fallida.

En la catástrofe los hechos pueden no ser necesariamente súbitos, ni tampoco hace falta un sobresalto exterior
para que ésta ocurra. Aunque el sobresalto muchas veces
forma parte de la condición catastrófica, como ocurre en un
cataclismo natural o en un grave incidente político-social,
la catástrofe puede surgir como el resultado de una serie
acumulada de eventos mínimos que resultan incompren-
sibles para la persona. El concepto de catástrofe en Bion
está en estrecha relación con la idea de un severo trastorno

---

8   Freud, S. (1905), *Tres ensayos sobre sexualidad*, Obras completas, A. E.
    Buenos Aires, 1979.
9   Freud, S. (1920), *Más allá del Principio del Placer*, Obras completas, A.
    E. Buenos Aires, 1979.

del cambio catastrófico y rescata el concepto freudiano de la *falta de comprensión* como su criterio central.

Estas ideas, surgidas dentro del cuño psicoanalítico, resultan enriquecidas al ligarse con las nociones de relato y de experiencia de W. Benjamin. Si algo sobrevive en una catástrofe, sólo tiene una esperanza de desarrollo en el moroso imaginar de un acto creativo. Benjamin supone que el relato es el modo privilegiado del que dispone el ser humano para interpretar los hechos vividos y para articularlos en una experiencia. Él conjugó estos términos en un breve párrafo que tuvo un impensado efecto premonitorio. La acuarela *Angelus Novus*, de P. Klee, acompañó a Benjamin desde que la adquirió hasta casi el final de su vida. En su fallido intento de huída del nazismo, se la dejó a G. Bataille, temiendo lo que finalmente ocurrió. Sus ideas de progreso enmarcan su pesimista versión del límite de la experiencia humana. Una visión dolorosamente profética de lo que sobrevendría en Europa con la muerte indiscriminada, producida por la guerra y por el holocausto masivo de inocentes en los campos de exterminio. En ese texto Benjamin ve, en la *Katastrophe*, el territorio humano donde la experiencia es arrasada por fuerzas que superan la capacidad de producir humanidad. "Hay un cuadro de Klee que se titula *Angelus Novus*. Se ve en él un ángel, al parecer en el momento de alejarse de algo sobre lo cual clava la mirada. Tiene los ojos desorbitados, la boca abierta y las alas tendidas. El ángel de la historia debe tener ese aspecto. Su rostro está vuelto hacia el pasado. En lo que para nosotros aparece como una cadena de acontecimientos, él ve una catástrofe única, que arroja a sus pies ruina sobre ruina, amontonándolas sin cesar. El ángel quisiera detenerse, despertar a los muertos y recomponer lo destruido. Pero un huracán sopla desde el paraíso y se arremolina en sus alas, y es tan fuerte que el ángel ya no puede plegarlas. Este huracán lo arrastra irresistiblemente hacia el futuro, al cual vuelve las espaldas, mientras el cúmulo de ruinas crece ante él hasta el cielo. Ese huracán es lo que nosotros llamamos progreso". (Benjamin, 1966)[10]. El ángel horrorizado está inscripto en la historia; puede crear e interpretar. Su posición describe la capacidad humana para experimentar (*Erfahrung*) y para relatar la experiencia en una versión original y plena de significado. En contraste, si el horror de los hechos produce una vivencia situada más allá de su posible narración, se enfrenta a una vivencia sin sentido, estaremos ante la catástrofe (*Katastrophe)*.

En los términos de Benjamin, la catástrofe tiene tanto el valor de un incidente, al que se llega como el de un punto de partida desde el que algo debe ser resuelto. Es un hecho que acontece y cambia el curso de la historia, y hace aparecer hechos sumergidos del pasado, que se restituyen a un lugar del que habían sido desalojados y olvidados por la tradición. De ahí que la catástrofe tenga en Benjamin ese carácter de novedad y de morfogénesis inconclusa. Ese lugar desordenado está en tensión con su noción de constelación, como aquel posible agrupamiento conceptual que incluye elementos dispersos de planos cuya profundidad es enigmática. Encontramos, en ese contrapunto, un vaivén que va desde la incomprensión de los hechos de la catástrofe a la recuperación de algún significado de la mano de la constelación, a sabiendas de su posible error de paralaje, pues puede incluir elementos muy lejanos o fuera de su campo: "Las ideas son a las cosas lo que las constelaciones son a los planetas... eso quiere decir lo siguiente: no son ni su concepto ni su ley". (Benjamin, 1928: 31)[11]. La catástrofe y la constelación se

---

[10]   Benjamin, W. *Ángelus Novus*: *Ausgewählte Schriften* 2, Frankfurt am
         Main, Suhrkamp Verlag, 1966. Pág. 546.
[11]   Benjamin, W. (1928) *Origine du drame baroque allemand*. Flammarion,
         París, 1985.

ordenan como crisis y versión. Su idea de crítica va de la mano de una producción práctica que muestra la crisis tanto en lo que enfoca como en el modo de enfocar. Es una crítica de la crisis y de la crítica, que tiende más a constituir una manera de ver que de describir un hecho natural. Opera como una constelación que ordena un conjunto; su mirada es crítica no tanto porque devele una verdad de los hechos, sino en tanto produce un choque que da a luz a "un inexpresable, que forzará el orden del discurso al silencio del aura". (Didi-Huberman, 1992: 115)[12]. La catástrofe es un hecho de sentido despedazado, que será la ruina final de un decurso fallido o el silencioso cimiento de una nueva versión de los hechos del mundo. En ese silencio la imagen crítica condensa "la sublime violencia de lo verdadero" y la distancia desde la que se puede concebir esa versión y construir una constelación de ese caos.

---

[12]   Didi-Huberman, G. (1992), *Lo que vemos, lo que nos mira*. Manantial, Bs. As., 2006.

Nosotros

Este encuentro con el contorno abre una doble cuestión: en la manifestación de Pittsburgh, se esperaba que al público le ocurriera algo a partir de recordar el hecho; a eso se agregaba la invitación a reconocerse en ese lugar, ser uno con ese lugar, ocupar un lugar en un *nosotros* que advendría en ese momento, tal como lo sugiere R. Rorty (1991: 214)[13]. Ser de Hiroshima. Recordar y reconocerse en ese lugar puede aportar algún progreso simbólico a partir de ese hecho impensable. Ese nosotros implicado produce una doble implicación: hace ingresar a Hiroshima en el mundo del público y hace que el mundo propio del público se expanda y reconozca a Hiroshima como parte de su sí mismo. Lo que se consideraba ajeno se vuelve propio a partir de esta experiencia, que produce una implicación emocional y subjetiva.

Se puede rastrear el reconocimiento de sí mismo como un elemento central de la experiencia en otras concepciones de la naturaleza humana. En la biología, Linneo propuso un sorpresivo criterio para definir lo humano; a la condición *homo* le agregó un término extraño a la nomenclatura de su taxonomía: *sapiens*. Sapiens no es ninguna restricción biológica del género *homo*, sino una apelación de reconocimiento. "Debes saber de ti, ocúpate", más cerca de una preocupación de sí –una *epimeleia*– que

[13]   Rorty, R. *Contingencia, ironía y solidaridad*, Paidós, Barcelona, 1991.

de un autoconocimiento. Linneo anticipa la pregunta ben-jaminiana: "¿Qué estamos haciendo aquí, hacia dónde vamos, por qué lo hacemos así?". La catástrofe se concreta del modo más terrible en ese holocausto, y el pensar corriente nos aleja naturalmente de ésta. Cuesta pensar que alguien vea una solución en una bomba nuclear, y aún más imaginar a alguien en condiciones de decidir tirarla. Quizás, en nuestro intento de comprender sus resortes más íntimos, debamos rastrear ese hecho infernal a partir de los pequeños infiernos cotidianos, en los intercambios alienados en los que se dan y se reciben objetos despedazados con absoluta normalidad.

Encontramos esas pequeñas catástrofes en el cotidiano modo inhumano de vivir como en una colmena, en la uniforme rutina de un quehacer similar, con las mismas metas y aspiraciones de criar los hijos en esa condición vacía y alienada. La apelación de cordura que alguien podría gritar en medio de un viaje en subterráneo en la hora pico a los viajeros apilados entre sí sonaría como el grito de un loco. ¿A qué loco se le puede ocurrir gritar tamaña sensatez? ¿Quién piensa que es loco ese moderno modo de apilarnos? Cuando la vivencia fetichista se desgarra de la propia experiencia, los intercambios sociales y personales pierden arraigo tanto con la pertenencia a una clase como con las mínimas bases del sentimiento de realidad y autenticidad personal. La carrera detrás del señuelo del progreso adquiere el carácter de un catastrófico intercambio de objetos y vivencias sin sentido.

A partir de esas destrucciones mínimas, la idea de catástrofe en Benjamin está en tensión con la de experiencia. También lo piensa así Agamben al entender la experiencia como la recuperación humana de un aturdimiento rutinario que deshumaniza. El aturdimiento es un modo perfectamente adecuado para realizar las rutinas de la vida. No nos diferenciamos de la garrapata de von Üexkull al reaccionar

ante los desinhibidores que disparan nuestras rutinas en-
vasadas: comprar un cospel, bajar la escalera, subir al tren,
saludar al portero, entrar en la oficina, servir café, ordenar
el escritorio, poner el celular en silencio, abrir la agenda,
aburrir al vecino con el mismo cuento... día tras día. La
experiencia es una posición esporádica que le impone al
ser humano el malestar de reconocerse y de preguntarse
por qué está dispuesto a gritar esa pregunta. Sostener esa
condición es doloroso, y quizás ésa sea la razón de su rara
y efímera existencia (Agamben, 2006)[14].

Para localizar el segundo factor –la memoria–, vale la
pena adentrarse en una breve excursión literaria. Al comparar al memorioso Funes –el personaje de J. L. Borges– con
la memoria de M. Proust, encontramos en éste una carga
de ensoñación subjetiva que falta en aquél. Funes tiene
una rememoración obsesiva y prolija. Cada momento es
recordado con la precisión de una copia. Nada falta y nada
puede agregarse; de hecho, nada se agrega. Funes peca de
graves faltas de imaginación. Funes está ausente de Funes.
Su asombrosa memoria le impide una experiencia. Proust,
en cambio, permanece en la experiencia. Su memoria,
cargada de detalles y de recovecos, no copia lo vivido pues
se ha inundado de impresiones, de digresiones, de saltos a
otra escena, de subordinadas emocionales, de pausas en un
significado que requiere ser saboreado con detenimiento.
En su prisión memoriosa, Funes se cierra a algo que Proust
considera esencial.

A partir de las cuestiones del reconocimiento y de la
memoria, encontramos una lógica de cierres y aperturas.
La traza de tiza se abre a una experiencia, y el aturdimiento
la cierra. Olvidar es tan peligroso como recordarlo todo y
algunos modos del saber se oponen a un sabio imaginar.

---

[14]   Agamben, G. *Lo abierto. El hombre y el animal*, S. Hidalgo, Buenos
       Aires, 2006.

Ser un sabihondo también impide experimentar. El filisteo
de Benjamin no "experimenta los hechos". Como Funes, el
filisteo se cierra en sí mismo. A diferencia del memorioso,
se cierra en una posición soberbia y se aleja del mundo
que espera ser descubierto. El espíritu de la "juventud" se
opone al filisteo. El joven se abre a descubrir el mundo y
aprecia la apertura a la experiencia. Sin embargo, Benjamin,
no conforme con este primer paso, avanza un paso más, ya
decisivo. La miopía del filisteo se cierra sobre todo ante la
visión de sí mismo: "Nada detesta más el filisteo que sus
sueños de juventud". (Benjamin, 1980: 67)[15]. Eso es bastante
infame, pero resulta cómodo, hasta un poco de televisión
lo comprueba. Benjamin corona su reflexión sobre la experiencia iniciada en la miopía del filisteo recordando a
Zaratustra: "Uno sólo se experimenta a sí mismo". (Ibíd.:
67). ¿Por qué, entonces, el ser humano acepta restringir
su campo de experiencia a favor de la cómoda vivencia? O
bien, ¿por qué la conciencia parece operar sin el auxilio de
la memoria? y siguiendo: ¿qué memoria, la de Funes o la de
Proust? En ese cruce de memorias y de reconocimientos,
se encuentra el sujeto defendiendo su integridad ante el
bombardeo de información. La memoria dista de ser una
rememoración. La memoria exhuma y da un lugar a lo que
viene de lo profundo: "Quien procure acercarse a su propio
pasado sepultado debe comportarse como un hombre que
realiza excavaciones... los verdaderos recuerdos no deben
dar cuenta del pasado, sino describir dónde el buscador
tomó posesión de ellos". (Benjamin, 1972: 400)[16].
    Es interesante pensar la memoria como algo más que
la evocación neutra de un registro al modo de Funes e

---

[15]   Benjamin, W. "Erfahrung", *Schrifen, Band VII,* Suhrkamp Verlag, Frankfurt
        am Main, 1980.
[16]   Benjamin, W. "Denkbilder", *Gesammelte Schriften*, Suhrkamp,
        Frankfurt. 1972.

introducir la idea de una toma de posesión, una apropiación que el narrador hace de su pasado. Desde su posición
actual, el narrador se reconoce y se aúna con aquel que fue
en el pasado. El reconocimiento y la memoria se articulan
entre sí y cooperan en sus respectivas funciones y producen
una trama. Al mismo tiempo articulan distintas escenas de
distintos tiempos y lugares. "Interpenetrar el pasado con
el presente" es una idea muy cercana a la comprensión
pictórica de Kandinsky. Los distintos registros se interpenetran: pasado y presente, sonido e imagen, aquí y allí. Esa
apropiación del pasado en términos de un narrador que
interpreta implica tanto la parcial negación de los hechos
como su superación dialéctica para producir una figura
nueva. Ni predominio del pasado sobre el presente ni del
presente sobre el pasado, ni predominio de la cosa sobre
la palabra ni de la palabra sobre la cosa. Se trata de un
relámpago en el que la palabra golpea: "Cuando llegan las
palabras, golpean lo real como martillazos hasta grabar en
él la imagen como sobre una bandeja de cobre". (Benjamin,
1978: 317)[17].

En contraste, Benjamin sostiene que la mirada mercantil se llama "publicidad". El lucro de esa mirada se lleva por delante al sujeto: "Aniquila el margen de libertad
reservado a la contemplación y acerca tan peligrosamen-
te las cosas a nuestros ojos como el coche que, desde la
pantalla del cine, se agiganta al avanzar, trepidante, ante
nosotros". (Benjamin, 1955: 63)[18]. Esa advertencia sobre el
uso de la información pública se hace presente primero
sobre la publicidad, pero también ante el uso corriente del
periódico u otros medios de publicación de "las verdades
públicas y comunes" que, con su moral de verosimilitud,

---

[17]   Benjamin, W. *Sens unique*, Les lettres nouvelles. París.1978.Citado por
        Didi-Huberman en Op. Cit.:124.
[18]   Benjamin, W. *Einbahnsstrasse*, Suhrkamp Verlag, Frankfurt am Main, 1955.

forman la opinión pública al paladar del poder vigente. Entonces no se trata de copiar, sino de interpretar. No se trata de estudiar, sino de aprender (Benjamin, 1929)[19]. No se trata de apelar al saber de memoria, a la memoria voluntaria (*by heart*), sino de dejarse llevar por la memoria asociativa involuntaria y llegar al fondo de la cuestión (*to get the heart of the matter*). En el respeto por las raíces de la subjetividad y en la demora que sustrae al sujeto de la urgencia del consumo, se accede al espacio de la charla íntima y de la contemplación que pone en juego la singularidad. La memoria asociativa es singular y busca que la experiencia del sujeto sea su centro.

---

[19]   Benjamin, W. *Die Wiederkehr der flaneurs. Review of Hessel's Spazieren in Berlin. 1929.* También en "Der Flaneur", *Neue Rundshau. Fischer Verlag*, 1967.

CATÁSTROFE

En el capítulo anterior, nos detuvimos en hechos donde la experiencia puede alterarse por una serie de situaciones en las que lo humano queda en suspenso. En la práctica usual, la vida individual o social evita reconocer esas dolidas circunstancias. Lo no humano es desmentido o queda disociado en personajes y ámbitos designados como depositarios para sostener la carga. Ese hecho permanece invisible y sólo lo advierte la mirada errante de un moderno *flâneur* de la sociedad, que se detenga a contemplar las convenciones y las rutinas, los lugares comunes y los tics sociales, pero también los modernos destinatarios de los viejos sirvientes. Para reconocer lo no humano, hace falta realizar una renovada "fisiología" de las mucamas, de los chicos de la calle, de las prostitutas, en fin, de aquellos humildes depositarios de lo denigrado en la experiencia (Louandre, 1847)[20].

Si retornamos desde los pequeños infiernos cotidianos hacia el infierno mayor de las grandes catástrofes sociales, lo no humano que pulula en la vida corriente se extrema en los estados de excepción. ¿Cómo dar cuenta de lo que habitualmente se llama "experiencia" cuando ésta dista

---

[20] Louandre, C. «Statistique littéraire de la production intellectuelle en France depuis quinze ans», *Revue de deux mondes,* 15 de noviembre de 1847. Se llamó *fisiología* a un género literario de mediados de siglo xix. "En 1841 se llegó a contar setenta y seis fisiologías, a partir de ese año decayó el género". (Cfr. Benjamin, W. op. cit. 1980,: 36)

tanto de ser lo que se llama "catástrofe"? La respuesta
siguiente fue dada en condiciones menos cómodas que
las de la conmemoración de Pittsburgh: "La inspiración
es como la muerte, nos espera en todas partes... en una
ventana de iglesia". Así lo sostuvo O. Messiaen. Curiosa
metáfora la suya. Luego de comparar la inspiración con
la muerte, reparó en una ventana como el espacio de la
creación. No se trataba de cualquier ventana. En 1940,
mientras estaba preso en un campo alemán para prisioneros
de guerra, compuso su *Cuarteto para el fin de los tiempos*.
¿Qué resortes de su vida se pusieron en marcha para que
una extraordinaria resiliencia lo rescatara de esa escena
límite? ¿Y por qué apeló a la ventana, una nueva figura
de esta curiosa geometría emocional? Al revisar su frase,
se advierten las penumbras de su sentido. Él respondió a
la amenaza de la muerte apelando a sus creencias y ele-
vó su miseria personal al plano de una revelación de las
postrimerías. Inspirado en el Apocalipsis (Bartov, 2000)[21],
ya no se preguntó por el fin de su vida en riesgo, sino por
el de la de todos, por el fin del hombre. A la aporía entre
locales y extranjeros, entre humanos y no humanos, entre
amigos y enemigos, respondió preguntando cómo sería
el final común. Su drama individual ganó una dimensión
genérica en la que su propio nombre se eleva al anonimato
de todos. Sin dudas, más allá del texto, lo más interesante
de su respuesta es que él localiza su cuestión en un espacio
potencial. Él la busca en la ventana de un texto religioso.
Desde luego hay otras ventanas, otros contornos, otras
siluetas. Las ventanas se abren a un mundo desconocido,
pero se enmarcan en una historia práctica vivida por quien
las pergeña. No son neutras. Cada quien encuentra la suya.

---

[21]   Bartov, O. *War, Genocide and Modern Identity*, Oxford University Press,
        2000. "Apocalyptic visions". Págs. 143-212. Cita de Burucúa J. E. en *Historia
        y ambivalencia*, Biblos, Bs. As. 2006.

Su apertura da un marco que delimita una escena incierta. También es el marco que limita su interpretación, siempre constreñida al límite de su propio aturdimiento. La ventana marca los límites de la comprensión y de la experiencia posible, y tanto sostiene como delimita lo que se conjetura o se imagina. La cuestión estriba en cómo se transforman las catástrofes en ventanas que permitan atisbar respuestas.

Vimos que, en la demostración callejera de Pittsburgh, un grupo de personas dibujó siluetas humanas en tiza y se acostó sobre éstas. Messiaen imaginó una ventana. Ambas son un contorno (*outline*) si se enfatiza su función de silueta para figurar una imagen, y son un intervalo (*blank*) si enfocamos su posición de brecha nueva en el discurso. En su condición de silueta, se abre hacia adentro para contener un contenido y, en su condición de intervalo, es una cuña en el discurso que se abre a la posibilidad de inventar una nueva frase. No se está abierto a todo ni se puede concebir lo que queda fuera de ese límite. Benjamin diría que estamos condicionados. El marco de la ventana estalla si lo que aparece supera su apertura pero, si su espacio potencial se sostiene, dentro de él se produce una transformación de los hechos: una *invención*.

En ese espacio moroso y diletante, como prefería verlo Benjamin, la aventura creativa deja al hombre (talentoso u ordinario) a merced de su soledad. Se trata de algo más que una marginación y, sin dudas, no es un retraimiento. Es una soledad concentrada y autoimpuesta que exige tolerancia de quedar a merced de "su soledad y de su tolerancia a un sentido de infinito". (Bion, 1962)[22]. En esa soledad, ante ese mundo en expansión creciente, se necesita un marco que contenga la turbulencia. En la eficacia continente de esa ventana evocada por Messiaen, quizás se encuentra la clave para distinguir una experiencia de cambio a veces

---

[22]   Bion, W. (1962) *Aprendiendo de la experiencia*, Paidós, Bs. As., 1987.

catastrófico de una catástrofe. El marco limita las representaciones de la memoria individual o colectiva. También delimita el campo de juego donde esas representaciones toman contacto entre sí: se chocan, se anulan o suman su significado y contribuyen a crear nuevas ventanas. Messiaen encontró en la prisión tanto la cara de la guerra como la de sus colegas con quienes componer y tocar.

¿Cómo se protege lo íntimo y vulnerable de una noxa que amenaza destruirlo? C. Lispector (2001)[23] señaló: "Elegir la propia máscara es el primer gesto voluntario humano, y es solitario". La máscara no sirve aquí para engañar, como sostendría J. J. Rousseau (1758)[24], sino para proteger la intimidad de un intercambio peligroso. Entre lo propio y lo asumido, se elige qué mostrar y qué ocultar, qué conceder y qué ser. Hay una zona consabida y otra oculta, privada y visceral, extranjera al intercambio. En ese juego de veladuras, ser descubiertos incluye el riesgo de que los otros "nos fumiguen como a una cucaracha", pues así verán nuestra singular extranjería. Al fumigar y al ser fumigados, desmentimos a otros, y otros nos desmienten, repudiamos o somos repudiados, en nuestra condicionada incapacidad para tolerar todo y a todos. Si a pesar de esas intolerancias algo se cuela dentro del marco y sacude lo que tenemos por sabido, eso produce una conmoción irreversible que abre nuevas disponibilidades. Si por el contrario el marco estalla, estamos ante una catástrofe.

Las vivencias de una catástrofe quedan dispersas y deberán esperar a que una interpretación creativa las reúna y las transforme en una historia personal, creíble y real. La recuperación de una catástrofe, como cualquier otro hecho

---

[23]   Lispector, C. "La quinta historia" en *Cuentos reunidos*, Alfaguara, México, 2001.
[24]   Rousseau, J. J. (1758), *Lettre à D'Alembert, sur les spectacles*, Flammarion, París, 1999.

de la vida, enfrenta la encrucijada de cada uno para sostener lo que cree que es real. En ese brete, cada cual enfrenta una tensión entre el sentido común y la atribución personal. Cada cual decide si eso pertenece a su vida o se trata de algo ficticio. La catástrofe puede ingresar como una vivencia de la propia vida o permanecer como una escena ajena y extranjera. Ese ingreso marca una decisión clave para cualquiera. En aquélla la recuperación simbólica queda puesta ante la encrucijada entre dos locuras extremas, entre la locura normótica, que cree que sólo es cuerdo el sentido común, y la locura ensimismada de la interpretación, que cree que sólo es cuerdo el propio punto de vista.

Entre ambas locuras extremas, existe un espacio intermedio promedio y colectivo. En su seno el juego elaborador produce experiencias. El juego se sostiene en lo colectivo, pero obra dentro de lo propio y singular de cada uno. Necesita apoyarse en los signos de realidad que brinda la memoria para obtener en ellos el necesario pilar de mismidad que distingue lo personal de lo ficticio. El juego sólo es posible fuera de la vivencia (*Erlebnis)*; su propia naturaleza surge dentro del mundo de la interpretación y de la experiencia (*Erfahrung)*. Allí puede crear, en el juguete, un objeto construido por la imaginación humana, dotado de un sentido vivido como real y singular para cada uno de los que juegan con él.

En contraste con la vida plena de significados de la experiencia, la catástrofe es la vivencia de un hecho sin sentido en una dimensión límite de lo humano. Esta cuestión es particularmente severa en las catástrofes que siguen a los terribles incidentes políticos, militares o sociales que implican la masacre de inocentes. La perspectiva de este texto se inscribe en la tradición de adorno que señala el imperativo ético de un *nunca más* que evita una respuesta a esas calamidades, y no las legitima. De todos modos, es imposible apartarse y abandonar cierto pesimismo ante la dolorosa comprobación de que el genocidio se reitera, sea éste calculado y realizado a escala industrial o sea el "efecto colateral" de una práctica sistemática de lucro y de fría insensibilidad por el sufrimiento humano. Las guerras se repiten y las masacres apenas se disimulan tras la atribución a una barbarie cada vez más sospechada de ser el efecto de la "estrategia civilizadora". Esa otra cara benjaminiana del progreso no toca sólo hechos dramáticos. La catástrofe supera la capacidad de la víctima para dar y recibir un significado que haga concebible su situación, y para permitirle mantener su propia condición humana. Roza la zona de miseria donde los azares de la vida o la condición de lobo del hombre generan una falta radical de un reconocimiento humano esencial. En esa dialéctica con la muerte, el hombre trata a su semejante como si no lo fuera y manipula su vida igual que a un animal de granja. No parece ético hablar del Mal sin caer en una complicidad legitimadora del régimen de biopoder. Ante esta disyuntiva, sólo podemos recordar a Sartre cuando señaló: "Cuando uno se da cuenta de que está trabajando su saber sobre lo universal para servir a lo particular, entonces la conciencia de esa contradicción, lo que Hegel llamaba la conciencia desdichada, es precisamente lo que lo caracteriza como intelectual". (Sartre, 1970)[25]. Sin embargo, más allá de alguna pretensión *naif*, aunque estudiar la catástrofe supone el riesgo de legitimar a su autor (por ejemplo, a los autores de Auchwitz), se trata más bien de encontrar un camino de elaboración.

---

[25] Sartre, J. P. "El amigo del pueblo". Entrevista publicada en *L'idiot International N.o 10, setiembre 1970.*

Los límites de la representación

Si bien el representar forma parte de la elaboración de la catástrofe, no es fácil generar una imagen adecuada de la miseria aun si la catástrofe se debe a un caos natural. Cuando M. Beckmann pintó *Terremoto en Messina*[26]; intentó ilustrar el desastre del terremoto junto a la confusión y clima de locura producidos por la conmoción popular; pintó tanto el terremoto como la refriega entre las víctimas y la liberación forzada de los prisioneros. En 1908 murió casi toda la población de Messina. Fue una situación terrible para Messina y para Europa.
En la catástrofe se mezcló el orden establecido con lo que estaba separado de él. Se rompió un estado de cosas y se alteró la continuidad de un modo de hacer y ver la vida. Lo consabido caducó, y emergió un acontecimiento nuevo que exigió ser vivido y signado de nuevo. Sin embargo, presentar en crudo los hechos plantea la cuestión de cuánto es lo que se "debe" y cuánto lo que se "puede" decir. Es irremediable que algo quede sin decir, o mejor aún, que la representación vele lo representado y deje espacio para un menos de significación que dé lugar a lo que el espectador pueda decir de la imagen.
Cuál es el significado de ese menos de significación es un tema de debate. En una perspectiva macro, se puede

---

[26] Beckman, M. *Earthquake in Messina*, Oil in canvas, St. Louis Art Museum, 1909

señalar que ese menos de significación refleja algo imposible
de imaginar. También puede verse la intención calcula-
da que usa el sufrimiento humano como un instrumento
interesado. En una perspectiva micro, se puede encontrar
el lugar de la inanidad y la desolada imposibilidad para
encontrar una respuesta que restituya al terreno de la experiencia lo que no tiene cualidad suficiente para salir del
territorio de la vivencia sin autor. Esas dificultades para
representar la escena se hicieron presentes en las críticas
que recibió Beckmann. No se dudó en tildarlo de realizar
algo exagerado, casi una caricatura. El dolor se escapa, y su
representación en crudo y sin velos resulta un intento bas-
tardo. ¿Cómo presentar el dolor sin decir de menos ni decir
de más? (Wolf, 2004)[27]. Ese ambiguo equilibrio es necesario
para que sea borroso de dónde surge su mensaje: ¿lo dice la
obra o se lo atribuye el espectador? ¿Cuál es la dirección de
los hechos y de quién es lo que allí se expresa o se dirime?
Las posiciones subjetivas que surgen de la experiencia del
hombre como predador del hombre –como víctima y como
victimario– tienen consecuencias catastróficas. La cuestión
trasciende la ética de lo activo o lo pasivo, para adentrarse
en la distinción entre el autor y el sujeto. No se habla aquí
de la posición sin fisuras entre autor y sujeto del verdugo,
para quien ser predador es un oficio pago o gozoso. Aquí
se trata de estudiar, en la catástrofe, el acontecimiento sin
sentido que pone en aprietos al sujeto para otorgarle un
significado, y al autor para asumirlo como parte de sí mismo
y para asimilarlo como parte de su historia.
    En su miseria la víctima es reducida a una condición no
humana y vive una falla devastadora en su autoreconocimien-
to. El silencio de tantas víctimas que no hablan de sus vivencias
es el inevitable resultado de su pesadilla asociada tanto a lo
que pasivamente soportaron como a lo que "activamente"

---

[27]   Wolf, N. *Expresionism*, Taschen, Kohln, 2004, págs. 28-29.

se vieron impelidos a realizar. En el otro extremo, Benjamin se asombra ante la falta de narraciones en los soldados que volvían de la Primera Gran Guerra. A diferencia de otros viajeros, ellos no tenían nada que decir (Benjamin, 1936)[28]. ¿Pensamos que ha desaparecido el narrador o tomamos ese dato como la evidencia de la disolución de su capacidad narrativa ante el espeluznante recuerdo de haber estado en una guerra en la que se debía matar para no morir? Muchos testigos de lo inhumano se suicidaron muchos años después de relatar su dolor, ¿habrá algún vínculo inquietante entre esas dos situaciones? Si bien puedo imaginar al lector evocando algunos nombres notables por su trayectoria o por el valor de su testimonio, prefiero omitirlos, pues es difícil concluir cuál fue la razón de cada caso.

El cine intentó poner en relato el drama de esta encerrona imposible. *La decisión de Sophie* (Pacula, 1982)[29] es un film que relata la derrota de una dura decisión: matar a un hijo para salvar a otro. ¿Se puede decidir la vida de otro? La profanación del lugar reservado al destino o a los dioses no se puede asumir sin sufrir las consecuencias. La severa confusión psíquica que implica adoptar tamaño lugar produce un sentimiento de culpa imposible de asumir, cuya respuesta suele ser el suicidio *ante la imposibilidad de asumir la culpa que implica* (Perelberg, 2001[30]; Moguillansky, 2001[31], 2002[32]). El horror de la guerra

---

[28]   Benjamin, W. (1936). "El narrador", para una crítica de la violencia y
       otros ensayos. *Iluminaciones IV*. Taurus, Madrid, 1998.
[29]   *La decisión de Sophie,* film de Alan Pacula, sobre el libro de W. Styron,
       protagonizada por M. Streep y K. Kline, 1982.
[30]   Perelberg, R. "Relationship between violence and suicide", *Acts of Ham-
       burg International Congress Suicidality,* 2001.
[31]   Moguillansky, C. "Comment on Panel: Clinical aspects of Suicide: R.
       Perelberg and A. Bell's papers", *Acts of Hamburg International Congress
       Suicidality,* 2001.
[32]   Moguillansky, C. "Suicidio", Ciclo de conferencias en Instituto Universi-
       tario ELEIA, México DF, Mayo 2002. Editor N. Bleichmar et al. *Diálogos*

puede maquillarse con la conducta heroica de muchos, pero obliga a casi todos a enfrentar una condición humana imposible. El notable incremento de la tasa suicida en los ex combatientes en Malvinas forma parte de la inquietante evidencia de esas vivencias confusas tan llenas de culpa y de terror que rompen con lo humano. Esta cuestión parece ser tan antigua como la misma historia, pues ya fue evocada en las primeras rapsodias griegas (Homero)[33] y es tan actual como para explicar la relación del suicidio con una ruptura con lo humano, tal como se ve en el formalismo del suicidio japonés. "Todo japonés es capaz de proceder por puro snobismo a un suicidio perfectamente gratuito que no tiene nada que ver con una lucha emprendida en función de valores históricos con contenido social o político".(Agamben, 2006: 26)[34]. Caer por fuera de las reglas éticas que rigen lo humano no es sin consecuencias ¿Por qué algunos se reponen de esa injuria y reasumen su condición humana y por qué otros no y caen en la posición de un "musulmán"[35] que balbucea su dolor? En la resiliencia hay un factor personal, pero aquí se trata de ver cuáles son las condiciones colectivas que permiten llevar adelante la elaboración conjunta del dolor. La creatividad tiene un rol evocado en la ventana de Messiaen, en la que él vio una vía para recuperar su condición humana. La ventana no

---

clínicos en psicoanálisis. Contribuciones de Carlos Moguillansky. ELEIA. México, 2006.

[33]   En la Ilíada homérica, se narran las peripecias de Ayax. Su soberbia guerrera (hybris) lo llevó a desestimar la ayuda de Atenea y cayó en desgracia ante los dioses. Se suicidó tras comprobar que había arruinado sus pertenencias y matado a su ganado en un rapto de locura inducido por los dioses. Su hybris lo llevó a profanar y a asumir una posición divina.

[34]   Agamben, G. Lo abierto, Adriana Hidalgo, 2006.

[35]   "Musulmanes" no se refiere a una condición confesional; fue el término usado en el Lager para describir a prisioneros tan dañados en su condición personal que sólo podían balbucear un quejido, ya sin ningún mensaje comunicativo.

remedió el acontecimiento de la guerra ni las miserias del campo, sólo dio una respuesta en el terreno del individuo; aun así vale la pena saber cómo son esas ventanas y cuál es la precondición de su eventual construcción.

En la divisoria de aguas entre el balbuceo de un dolor inexpresable y la luz de una salida elaboradora, hay una tensión entre la desesperación y la esperanza, entre la caída en el abismo y el aferrarse a una causa que pueda seguir otorgando algún significado al curso futuro de la vida. Un importante aspecto de la cuestión a estudiar remite a cuál es el contexto de valores y experiencias que decide entre la decisión de un Hamlet de tomar su espada y la de un Próspero en recurrir a Ariel. ¿De qué dependen esas diferentes estrategias? Hamlet sólo pudo pensar en la venganza mortífera allí donde Próspero encontró la magia pedagógica. Ambos tratan de expresar su dolor: Hamlet denuncia la muerte de su padre y Próspero quiere mostrar la injusticia de su destierro. Pero allí sus causas y sus empresas se dividen: donde el personaje dramático aniquila, el otro personaje enseña; donde uno se abisma en un explosivo impulso aniquilador, el otro da un rodeo que culmina en paso de comedia. (Shakespeare, 1973)[36].

---

[36] Shakespeare, William. *Comedias*. Col. Los Clásicos. W.M. Jackson.Inc. 5.ª Ed., 1973.

RELATO

La representación de la catástrofe presenta un problema particular, pues se trata de dar lugar, dentro de un sistema de significados, a una situación que por definición es un hecho sin sentido. El serio problema de su posible inscripción implica un necesario rodeo. El abordaje teórico de las experiencias que sobrellevan una catástrofe presenta algunos temas que merecen un trato paralelo: la catástrofe, la representación y el juego, pues éstos tienen relación tanto con la inscripción como con la elaboración y puesta en sentido de la experiencia catastrófica. Durante el proceso en el que éstos se constituyeron como conceptos de interés teórico y práctico, han tenido vínculos que los relacionaron de un modo más o menos puntual. La historia de esas ideas tuvo marchas y contramarchas en las que se esbozaron, o aun se dijeron literalmente muchas de las cosas que hoy se dicen, y se anticiparon las que hoy se pueden observar. No se trata aquí entonces de una exégesis ni de una historia de las ideas, sino de recoger un debate que ha sido, por decirlo así en este caso, algo prolongado en el tiempo.

En ese rodeo entre la catástrofe sin palabras y las palabras que podrían manifestar algo de su sinsentido, no se trata de su simple mutua articulación, pues eso dejaría sin decir lo esencial del sentido de la catástrofe. Entre un campo y otro, hace falta el paso intermedio de un contorno vacío que ofrezca un ámbito para incluir vivencias que están congeladas o en potencia. Estas vivencias silenciadas

o impedidas de una cabal expresión están impregnadas
de emociones violentas y contradictorias. La importancia
del contorno en el camino entre la catástrofe y su ulterior
elaboración se ve con claridad al prestar atención a las
potencias que sobrepasan la humana habilidad de brin-
dar sentido y de encontrar los instrumentos que puedan
manifestar las emociones que surgen en esa emergencia.
Observemos la tarea de representación. Una narración de
Las mil y una noches puede ilustrar ese objetivo: un astuto
pescador atrapó en su red una lámpara maravillosa. Al fro-
tarla, salió un genio poderoso y malvado quien, ni corto ni
perezoso, se propuso matar al pescador para conquistar su
libertad. Sintiéndose perdido, el pescador le dijo al genio
que, antes de morir, deseaba comprender cómo era posible
que un genio tan enorme pudiera caber en una pequeña
lámpara, lo cual sin duda era una muestra de su poder y de
su maravilla. El genio no perdió la oportunidad de mostrar
su poder. Se introdujo en la lámpara y quedó atrapado por
el pescador, a su merced y albedrío. De ese modo puede
concebirse el poder de la palabra, pequeña, pero capaz de
albergar a un genio descontrolado. El pescador sabe qué
hacer para que la palabra tercie entre él y esas potencias
maravillosas que lo asisten o asuelan.

Las mil y una noches es una narración de narraciones,
pero especialmente es la prueba del poder del relato, capaz de convocar la curiosidad de un sultán y de apaciguar
sus celos mortíferos. Con el solo recurso de la palabra,
Sherezade y el pescador dominan al poderoso y evitan que
se produzca una catástrofe. Esa sujeción bifronte los ata a
ellos a cambio de brindarles un poder, sea el de vivir, de
inventar, de dominar las cosas o de cautivar a los espíritus.
No está aquí en juego discutir el poder del poder; sólo se
juega la más modesta intención del médico de paliar y de
dar palabras a lo que deja inane a quien no tiene palabras
para decir lo que padece. Al fin y al cabo, Sherezade, un

ejemplo de las tretas del débil (Certeau, 1974)[37], no se propuso derrotar el poder del sultán. Eso quedó para otros, lo cual no quita que su operación merezca toda nuestra atención. En esos fenómenos creativos, alguien produce una evolución al enfrentarse con un problema insoluble. Sobre un dolor material, la imaginación produce una evolución: una solución inesperada, inédita, una elaboración novedosa, no exenta de dolor, de ansiedad ni de riesgo. Si bien los relatos de Sherezade hablan de una experiencia exitosa, no olvidaremos que quien se atreve a ese recorrido sabe dónde lo empieza, pero no dónde lo termina, quién es al empezar, pero no quién será. Del pasaje por la experiencia no se sale indemne, y de la aventura no se regresa. Esto no implica necesariamente un progreso; es sólo una dirección inevitable y un destino al que, como Benjamin, podemos llamar "una calle de mano única". El encuentro con la experiencia define el curso de una vida, del modo en que Asja Lacis labró una huella en el Benjamin hombre y en su decir que "como ingeniero abrió esa calle en el autor". (Benjamin, 1955)[38]. Así dejó una marca que imprimió una dirección en su pensamiento. A partir de entonces esa palabra, llámese "calle", "pasaje" o "vecindario", se constituye en un territorio que alberga un nudo de posibles significados. En todas esas variaciones, la experiencia y la representación recorren caminos mutuamente imbricados y dejan un saldo común: una representación impregnada de un sentido propio y personal, lo que llamaremos "una interpretación personal".

---

[37]   Certeau, de M. *La culture au pluriel,* Union Générale d'Editions, París, 1974.
[38]   Benjamin, W. *Einbahnsstrasse,* Suhrkamp Verlag. Frankfurt am Main, 1955. Asja Lacis fue una mujer de gran importancia afectiva para Benjamin, con quien estuvo en pareja un tiempo en Berlín en 1928.

El encuentro con lo novedoso siempre tiene un aspecto impactante. Al modo de un debut, ese encuentro obliga a inventar respuestas dentro del marco de una experiencia posible. En esos casos se opera igual que lo hace el astrónomo: a partir de recortar un grupo de estrellas en el firmamento, define una constelación, que no es otra cosa que un contorno donde se puede jugar con las ideas, explorar sus posibles relaciones y ganar alguna convicción en la insistencia de su repetición. Puede parecer un propósito demasiado impreciso y etéreo, pero muchas veces no hay otra cosa que se pueda hacer. Sin embargo, no es poco. Las palabras, al igual que las obras creativas del arte, están a la espera de que alguien las use, se apoye en ellas y ubique en su contorno un espacio para expresar y manifestar su experiencia. Esa tarea es las más de las veces silenciosa, y sólo alguna evidencia posterior ayuda a develar su eficacia. El camino de la tarea elaboradora tiene un curso inconsciente, y su trama se urde sin que el autor lo advierta. Pero no todos los encuentros con lo novedoso son catástrofes. Ésta exige que ocurra algo más, que exponga a alguien a un hecho de sinsentido y lo deje impotente para darle alguna significación.

¿Qué entendemos por una catástrofe? Es una vivencia que puede afectar al individuo y al conjunto social. En ambos niveles, la catástrofe es un acontecimiento nuevo que rompe con la vida ordinaria. Un estado de excepción, una epidemia en masa, una masacre o una experiencia dictatorial rompen la estabilidad de la vida de una comunidad, su modo de estar y su continuidad histórica. La perspectiva que adopto no toma la catástrofe en sus aspectos prácticos ni en el grave daño implícito –físico o material– que inflige, sino en su cualidad de ser un hecho que rompe radicalmente con una continuidad discursiva. La catástrofe, al igual que la novedad, rompe con lo consabido y conmueve el sostén de una comunidad discursiva, sus emblemas de identificación y las narraciones de su tradición. Pero esa conmoción es tan brutal que ni el individuo ni el conjunto social encuentran una respuesta simbólica para reponerse ni para explicar su razón. Sólo queda flotando un brusco dolor de efracción ante la emergencia de lo impensable y de pérdida ante el desastre que la catástrofe produjo en la vida. Esas injurias discursivas se suman a los daños físicos y promueven una urgencia que a su turno requiere ser elaborada. El doble dolor no tiene cabida en ningún sistema simbólico previo, y su tramitación y alojamiento se constituyen en el primer problema a ser resuelto. La silueta parece ser un modo privilegiado para ejercer esa función.

La segunda cuestión, "¿Cómo se puede representar una catástrofe?", tiene muchas facetas. La primera, y no menor, es definir cuál es el punto de mira desde el cual representamos. Benjamin habla de una distancia crítica, lo que implica un compromiso ético. "Quien no pueda tomar partido, debe callar". (Benjamin, 1955: 36). Gulliver no ve los hechos igual que los habitantes de Lilliput. La distancia del macrocosmos muestra algo distinto a la inmediatez del microcosmos. Eso depende del poder de resolución del instrumento telescópico o microscópico que usamos y del lugar donde nos ubicamos, desde el que referimos deícticamente el significado de lo que nos rodea. Empezaré por estudiar la representación de lo ausente: al fin y al cabo, ¿no es ésta su función más natural?

De un modo general, la representación de lo ausente ha tenido muchas vías de expresión: un paisaje desolado, un rostro velado, lo que se adivina tras un antifaz, un lugar vacío, una vista lejana. Cada una de esas representaciones tiene su penumbra de significados. Eso exige cautela al distinguir y también al sumar sus diferencias. El paisaje desolado es un recurso usual utilizado para expresar la tristeza o el dolor de la soledad, pero el surrealismo también lo usó para expresar una atmósfera onírica o sobrenatural.

El antifaz que cubre un rostro evasivo fue usado como signo de un enigma por el arlequín de *La commedia dell' arte*[39]. Sin embargo, ese mismo antifaz tuvo un carácter más bufo en su usual traducción inglesa –*The Comedy of Masks*–, y eso impide asimilarlos. En el juego infantil de la sabanita, el bebé se divierte y sonríe ante el rostro que se esconde y reaparece tras la sábana o la máscara. Sin embargo, J. Lacan observó con agudeza que, si en el momento de sacar la máscara en vez del rostro esperado, aparece una nueva máscara, el niño no sonríe en absoluto. El juego se arruina, y la angustia lo invade. Finalmente, el uso estilístico de la distancia es un recurso para denotar la ausencia, pero puede formar parte de un énfasis religioso o sagrado de la imagen. De hecho, cuántos rostros enigmáticos y ausentes han poblado retablos e imaginerías religiosas de todos los tiempos.

En todos estos ejemplos de representación de lo ausente, aún no se nota el uso de un casillero vacío o de un contorno para expresar un hecho a ser figurado por el espectador. Veamos un nuevo ejemplo que se agrega a lo ya ilustrado por la manifestación antinuclear de la ciudad de Pittsburgh: la apelación a un contorno que se llevó a cabo en la Tercera Marcha de Repudio a la Ley de Autoamnistía Militar, realizada por las Madres de la Plaza de Mayo el 21 de septiembre de 1983, cuando la ciudad fue cubierta con afiches de figuras-contorno, en lo que luego se llamó el "siluetazo"[40]. El recuerdo de ese siluetazo reiteró una

---

[39]   Smith, W. *The Commedia dell'arte*. Columbia University Press, NY, 1912. Págs. 1-20.
[40]   La confección de los afiches con siluetas de detenidos desaparecidos fue una idea de Rodolfo Aguerrebery, Julio Flores y Guillermo Kexel. Si bien la idea se montó sobre la práctica académica de dibujar un contorno que rodeara la figura de un alumno de arte, el detonante fue una imagen sobre el genocidio de Auschwitz realizada por el artista Jerzy Skapski, editada por el Correo de la UNESCO de octubre de 1978.

exhibición de las figuras-contorno de las víctimas de la dictadura el 3 de abril de 2005 ante la ESMA. Se trató en ese entonces de una protesta conjunta de grupos militantes en la defensa de los derechos humanos argentinos, y las figuras-contorno eran un emblema que se había instalado como marca de un reclamo de memoria y de justicia[41]. Aún hoy se pueden ver esas siluetas sobre la reja del frente de ese edificio.

Otro ejemplo de las mismas siluetas aparece en los afiches murales de Missing Children[42], una organización de defensa de los derechos humanos que se ocupa de restituir niños a sus hogares. En estos días se publicó una serie de rostros infantiles que dan marco a una figura esquemática, formada por dos contornos, la de un padre de espaldas y la de un niño, aún sin rostro. El impacto expresivo que produce el afiche es de gran efecto. Los rostros felices de los niños enmarcan la figura contorno esquemática del niño perdido y ausente. A su vez ese contorno aún sin rostro enmarca al niño esperado por ese padre y por el vínculo simbólico y personal que lo uniría a él. Esa díada dibujada en la ambigüedad de un contorno sintetiza, con gran economía, tanto la ausencia como las esperanzas de reunión futura de una familia con ese niño. Se prefirió seleccionar ese contorno en vez de una foto de una pareja feliz real pues, de ese modo anónimo, se expresan la generalidad y enigma incierto de esas ausencias. Se advierte un doble efecto de contorno en esta imagen: en primer lugar,

---

[41]   En esa ocasión los artistas que participaron fueron Silvia Laborda, Jorge Martínez, Luis Juárez, Marcelo Moreno y Miguel Ángel Sanfurgo. Colaboraron Mildred Burton, Adolfo Nigro, Felipe Noé y León Ferrari, entre otros. Para más detalles se pueden consultar las obras de Brodsky, M. *Nexo*, Radar, Longoni, A. y Bruzzone, G. *El siluetazo*, Adriana Hidalgo, Bs. As. 2008 y Grüner, E. *El sitio de la mirada*, Vitral Norma, Bs. As., 2001.

[42]   Organización no gubernamental creada en 1999 como filial de la ONG homónima creada en USA en 1984.

el esquema de un rostro alberga *el lugar donde solía estar y podría advenir* un rostro real (Bion, 1962)[43]; en segundo lugar, los rostros de los niños sonrientes enmarcan al niño ausente y dialogan con él. El marco dialoga con el cuadro, el contorno dialoga con la figura. No parece ser un hecho significativo si el campo enmarcado por el contorno aparece igual que el fondo o rellenado de un color distinto uniforme, como es en este caso. Comenzamos a entrever que la silueta presta aquí algún servicio adicional a la tarea de representar lo ausente, pues lo ausentado presenta un problema diferente. Una respuesta inicial puede dar cuenta de que, en este caso, la representación expone un dolor diferente, aquel que surge ante un ser querido desaparecido, cuya imagen perdida no se corporiza en la presencia de un cuerpo muerto ni en el recuerdo de una partida. La ambigüedad de la silueta se corresponde con la incertidumbre de la ausencia.

Finalmente, veamos nuestro tercer elemento: el juego. Aquí no se trata sólo de presentar el juego inocente de lo niños, sino de mostrar la importancia que tienen los dispositivos lúdicos en la elaboración de la catástrofe. En dicha elaboración, la experiencia lúdica articula las vivencias de la catástrofe en una narración simbólica que las ordena en su trama, en una historia posible y en una tradición identitaria. Sus procedimientos pueden ser diversos. No obstante, todos incluyen algún tipo de dispositivo lúdico y ficticio (Freud, 1920)[44]. La recuperación simbólica de la catástrofe se origina en un relato testimonial que conjuga los hechos dispersos en torno al autor. Ese entramado puede ser un acto espontáneo o responder a una estrategia activa de

---

[43]   Bion, W. Op. Cit.
[44]   Freud, S. "Más allá del principio del placer", O. C. Amorrortu ed., Bs. As. 1979. En ese texto Freud introduce la tesis del psicoanálisis que propone el juego como un procedimiento elaborador.

búsqueda de una nueva narración. El juego espontáneo de
un niño –el *fort da* del nieto de Freud– y las innumerables
oportunidades descriptas por el psicoanálisis de niños y
de adultos son una fuerte evidencia del valor elaborador
del juego, espontáneo o no. Podemos preguntarnos si el
juego puede ser tomado como un modelo para pensar los
implícitos mecanismos de la recuperación simbólica de
hechos sin sentido. Jugar no es sólo una cosa de niños. A
todas las edades y en todos los niveles, los seres humanos
dedicamos mucho tiempo a dar una vuelta elaboradora
a nuestras experiencias, revisándolas, permutándolas y
refiriéndolas. En esa oportunidad jugamos con nuestras
vivencias, las cubrimos con nuevas palabras, las transfor-
mamos en un ir y venir de posibles nuevas expresiones.
Eso bien puede ser pensado como nuestro modo adulto
de jugar. La elaboración de la catástrofe parece cumplir
con operaciones narrativas similares.

Ésa no es una tarea sencilla y requiere poner la catástrofe en contacto con las funciones de producción de
subjetividad necesarias para construir una nueva narración.
La narración articula la catástrofe con un sujeto dentro
de una historia. En términos de Benjamin, la catástrofe se
entrama en una experiencia. Ése no es su único destino
posible; cuando la catástrofe no se entrama en un relato,
su elaboración simbólica fracasa. Su destino se resuelve en
prácticas defensivas que recurren a un envase sensorial sin
ancla en la experiencia del sujeto. Las historias de muchas
adicciones así lo indican. Ante la falta de un adecuado
camino de recuperación simbólica de su dolor, el adicto
elimina, en su víctima inocente, su emoción dolorida y en-
mascara su dolor y su asesinato emocional en las ilusorias
mieles de su exaltación adictiva, tan sublime como efímera.

El grito

Veamos un posible modelo de recuperación simbólica de la catástrofe en el juego de las vueltas de espiral entre la copia y la interpretación. Entre las habilidades del hombre, pocas superan al arte a la hora de distinguir entre la semejanza y la interpretación en una representación. Las frases: "Es un virtuoso del instrumento, pero no produce verdadera música" o "Es una excelente fotografía, pero no ha captado el espíritu de lo que representa" dan una idea del valor que el arte confiere a las sutiles deformaciones interpretativas. Éstas alteran la figuración de la cosa para captar ese espíritu invisible donde asienta un sentido. No se trata del divino error que la naturaleza imprime a los individuos ni de la falta de simetría o correspondencia entre las cosas y las creaciones. Se trata de la alteración que el intérprete propone en su afán de presentar lo invisible pero infaltable si desea mostrar el "espíritu de las cosas". La tarea del representar enfrenta la tensión que hay entre el signo unívoco de Saussure –con su plena correspondencia entre signo y significado– y la combinatoria del deslizamiento significante que genera cada vez nuevos sentidos.

La ilusoria correspondencia unívoca entre la representación-copia y el modelo desmiente un problema siempre presente en la interpretación. No sólo debe enfrentar una brecha entre dos ámbitos distintos, sino aceptar que esa brecha suele ser un abismo insalvable. Un abismo que tanto impide establecer la plena correspondencia con el modelo como puede tragarse al mismo sujeto en el saco sin fondo de una catástrofe. La catástrofe parece ligada a la tarea de interpretar, pues no es otra cosa que el resultado desastroso de su fracaso. En tanto la interpretación falla en dar sentido al sinsentido, la perplejidad es un componente central en la catástrofe. Por lo tanto, encontramos en la catástrofe un hecho límite que resiste tanto a la tarea de la copia –porque no logra captar su sentido esencial– como a la tarea de la interpretación que, al fallar, deja al sujeto inmerso en la perplejidad.

La tensión de estos dos vectores de la representación (la copia y la interpretación) enfrenta dos lógicas diferentes y dos posiciones opuestas del sujeto. El copista deniega la presencia de algo que el intérprete acepta y reconoce y, aún más, enfrenta con valentía. Esta diferencia remite a la distinta posición del sujeto. Si asimilamos la copia de la realidad con la adjudicación de signos a los hechos, ésta realiza la tarea de Adán en el paraíso, donde un sujeto originario define cómo se llaman las cosas. En la interpretación, en cambio, la emergencia del sentido genera una posición opuesta del sujeto. Éste es el resultado de un efecto sujeto del sentido que emerge. El sujeto ocupa dos lugares diferentes: en la copia está en el lugar de una causa y en la interpretación es un efecto. Adán define: "Esta flor es una rosa porque yo la defino con el término 'rosa'". En esa definición hay una momentánea e ilusoria autonomía del sujeto, aunque sepamos que la definición se sostiene en un sistema de significaciones previas y en un régimen de posibles manifestaciones. En la interpretación, en cambio, se hace más evidente que el sujeto del sentido es un efecto, es un ser sujeto a la contingencia del hecho discursivo; pues, una vez producida la frase, se supone un sujeto "que la ha dicho". J. Lacan (1962)[45] señaló que el significante determina

---

[45]   Lacan, J. *L'identification.* Inédito. Seminario del 30 de mayo de 1962.

al sujeto, y que éste está en una posición segunda relativa a aquél. De estas dos polaridades se extrae un corolario: la copia fija a un sujeto ilusoriamente autónomo instalado en el lugar de causa de la definición y la significación de lo que dice y, por el contrario, la interpretación exige asumir a quien la realiza la autoría de un efecto desencadenado que no causó. Aun un intérprete experto con pleno control de su ejecución debe asumir hechos inesperados de la obra que resultó desencadenada: una obra que se liberó de su previsión y de su autocontrol experto. Una vez ocurrido el hecho desencadenado, éste puede a su vez ser asumido o bien resultar un hecho inesperado que resiste a una puesta en significación.

En conclusión, la catástrofe tiene dos vías de ejercicio de su eficacia: por un lado, puede surgir como un incidente práctico inesperado que resiste a toda puesta en significación; por el otro, puede surgir como hecho desencadenado en la tarea humana de interpretar la vida. Desde cualquiera de sus dos fuentes, la catástrofe presenta una cuestión imposible, pues su naturaleza se resiste tanto a una definición como a una puesta en significación. Asumir esa doble imposibilidad pone a la persona ante un dolor insoportable e impotente. El grito es su única vía de expresión.

¿Cuál es el ámbito y tiempo del hecho desencadenado? Aunque se trata de un acto creativo, no ocurre en el terreno de las ideas. Por el contrario, en cierto sentido es ajeno a éstas, y éstas deberán incluirlo dentro de su sistema. Es un evento empírico que acontece en la experiencia sin una determinación previa. ¿En qué experiencia? Habrá que concluir que, más allá de su carácter novedoso e incidental, el hecho desencadenado es una experiencia de lenguaje. Es un fenómeno único que no necesariamente se repite. Sin embargo, acarrea consecuencias imprevistas. Si es recuperado como una nueva perspectiva, da inesperada visibilidad a los hechos y genera un acto interpretativo creativo. En cambio, si sus exigencias de sentido rompen con las ideas precedentes del intérprete, ocurre una catástrofe. Ése es el precio a pagar por ser usuario del lenguaje; cada vez que emerge un sentido nuevo, expone al sujeto tanto a la recreación inventiva de su significado como a la miseria semántica de la catástrofe.

Esa perspectiva ilustra que el reino del acaecer tiene tiempos y espacios que difieren del reino de la virtualidad. El accidente es individual, específico y único. Ocurre en el tiempo cronológico del ahora y en el espacio perceptivo del ahí. En cambio, la comprensión del accidente tiene categorías conceptuales históricas y lógicas con un espacio y tiempo distintos. W. Benjamin diferencia con acierto dos dimensiones temporales que no coinciden con el tiempo mecánico de los hechos ni con el tiempo de los acontecimientos de la historia. "El tiempo de la historia es infinito en cualquier dirección y se halla incumplido en cada instante. Esto quiere decir que no resulta posible pensar un acontecimiento empírico que mantenga una relación necesaria con el tiempo en que ha tenido lugar. El tiempo sólo es para el acontecimiento empírico... una forma no colmada... no cabe duda de que el tiempo es mucho más que una medida con la que medir la duración de un cambio mecánico. Un tiempo que sólo fuera eso sería una forma vacía". (Benjamin, 1980: 135)[46].

La discordancia entre el tiempo histórico pleno y el suceso empírico define la intersección de dos ámbitos heterogéneos. Cada uno de éstos tiene algo que excede a su mutua relación. El mundo de las cosas tiene un más allá del desfiladero de la palabra en su modo de ser incógnito e inaccesible a toda definición, y el mundo de las palabras produce hechos de discurso que están en un más allá de

---

[46]   Benjamin, W. *Schriften Band VII*, Surkahmp Verlag, Frankfurt am Main, 1980.

las cosas que definen. Entre esos dos excesos que exceden
la intersección, el sujeto cabalga tratando de asir la rienda
que en éstos se desvanece. Al manifestarse diciendo: "Ésta
es mi versión de las cosas", trata por igual tanto de saber
con plenitud sobre las cosas –sobre todo saber qué hacer
con éstas– como de apropiarse del efecto de sentido que
surge siempre indómito de una lengua que él cree manejar
y que permanentemente amenaza desmontarlo. No es fácil
saber de la mecánica existencia de los hechos ni es sencillo
sobrellevar los efectos de sentido que surgen cada vez que
se usa el lenguaje. La historia trata de articular esos ámbitos
diversos de la mecánica, la letra y el sujeto. Según se ve,
esa correspondencia triple exige armonizar algo más que
una definición y algo más que una manifestación. En un
extremo, si la definición no contempla al sujeto, resulta en
un idioma incomprensible y, en el otro, es un lenguaje de
acción, conmutativo, sin resonancia emocional. Además,
si una manifestación no contempla la palabra, es un gri-
terío salvaje y, si no respeta los hechos, es una alucinada
y delirante versión de éstos. Entre estos desvíos campea la
catástrofe, como un inevitable paso intermedio en el que ha
fallado la articulación de un sujeto tanto con la lengua que
lo asiste como con los hechos que pretende comprender.

De estas consideraciones se desprende que la brecha
entre el ámbito de los hechos prácticos y el campo de los
significados es un abismo que requiere eslabones de unión
y puentes que lo salven. Benjamin propone una idea interesante cuando habla del tiempo mesiánico, pues allí se
refiere a la cuestión del héroe y a su paradójica suerte. Él
comprendió que el héroe hilvana dos órdenes diversos. Vive
la existencia de un individuo mortal, pero se transforma en
héroe si algún suceso lo desarraiga de su lugar ordinario
y lo envía a un destino inmortal. El suceso puede variar:
puede encontrarse con una divinidad que decide por él,
o puede sufrir un incidente que, al tiempo que lo mata,

lo inmortaliza. Benjamin advierte la paradoja y señala
que los sucesos narrativos que cumplen un tiempo pleno
corresponden al ámbito heroico. Ningún mortal puede
vivir en el tiempo pleno: "... el héroe muere en la tragedia
porque a nadie le es permitido vivir en un tiempo pleno.
El héroe muere en la inmortalidad". (Ibíd.: 136). El héroe
trágico resulta un eslabón que articula planos diferentes y
tiende entre ellos un puente. Ese paso dramático establece
un tránsito entre la discreta, ordinaria y actual mecánica
individual y la genérica virtualidad de las ideas. La tragedia
relaciona al individuo con la historia y, en el héroe, se da
el tránsito irónico entre lo individual y lo virtual, entre lo
mortal y lo divino: "... la forma temporal de la historia no
puede ser agotada por ningún acontecer empírico ni puede
concentrarse en ninguno. Un acontecimiento perfecto en
el sentido histórico es, desde todo punto de vista, empíri-
camente indeterminable, o sea, constituye una idea. Esa
idea del tiempo pleno viene a manifestarse en la Biblia
como una idea predominantemente histórica: se trata del
tiempo mesiánico. En cualquier caso, la idea de un tiempo
histórico pleno no se piensa como la idea de un tiempo
individual". (Ibíd.: 136).

Benjamin es consciente de la brecha que surge en el
terreno de la representación y explora sus tránsitos posibles,
sus puentes y sus abismos. El héroe trágico personifica,
en sí mismo, ese tránsito de un modo mítico, y realiza la
sutura entre reinos inconmensurables.

Produce un cambio de estado y lleva a cabo una transformación a través de un tránsito, de un periplo, de una
aventura narrable que tiene un inicio, un recorrido y una
meta. Al igual que un joven adolescente cuando atraviesa
su rito de iniciación, el héroe atraviesa un espacio ajeno
entre dos mundos, en el que enfrenta peripecias desconocidas y sufre una metamorfosis. La transformación de su
propia naturaleza ocurre en medio de un tránsito. Necesita

enfrentar una separación que lo desgarra de su origen y lo expone a hechos nuevos y desconocidos. El mito del héroe mesiánico personifica la sutura entre el sujeto, los hechos y la palabra, como el mito del héroe adolescente da una versión narrativa y aventurera de la sutura entre la infancia asexual y la sexualidad adulta. Mito y personaje dan letra y cuerpo a un enigma: cómo ocurre la misteriosa encarnación de los hechos en palabras. En ese recorrido se debe tener en cuenta que esas palabras generan al sujeto de un sentido y producen un autor dispuesto a asumirlo en alguna variante disponible de la significación. El mito heroico se instala como el eslabón de una unión eficaz entre los mundos distantes de la cosa y de la palabra.

Al explorar las idas y venidas del héroe en su rol de puente mítico, nos interesa en particular revisar su relación con la catástrofe y su posible recuperación narrativa. Un personaje menos heroico, pero no menos atrevido, es el artista. Su acto creativo surge en el área de descontrol consciente que, como veremos luego con más detalle, toca en su inicio un momento catastrófico. P. Klee dirá: "El artista busca dar visibilidad a lo invisible". Al igual que el héroe, rompe con su origen para recibir la recompensa de una metamorfosis en su obra. ¿Cómo pensar ese movimiento? ¿Hace la obra que pensó, o ésta es hecha en el momento desencadenado en que rompió con el cliché y buscó algo a tientas? Hay algo de las dos cosas, y el lugar del artista como autor se torna ambiguo. Para mayor claridad, la diferente dirección de la causa y efecto en los vaivenes del sujeto puede distinguirse con las ideas de sujeto del enunciado y sujeto del acto enunciativo, o con las de sujeto del enunciado y autor del acto enunciativo. La idea de *sujeto* define el efecto autoral atribuido a la emergencia de un sentido. "Alguien" responde por el sentido de la imagen, supongamos la pintura donde conviven peatones, aceras y formas campesinas; en ese caso, alguien dice: "Calle en el campo"

(Klee, 1923)[47]. "Autor", en cambio, define al obligado lugar de reconocimiento de la responsabilidad de ese efecto. Klee dirá: "Yo lo pinté". Si el *sujeto* es un efecto irresponsable y anónimo –ya que no es el creador del paisaje–, el *autor* no puede evitar reconocer el resultado como propio ni eludir responder por el acto efectuado. Esta brecha entre el autor y el sujeto puede corresponder a la distinción de P. Ricoeur (1990)[48] entre las dos formas del sí mismo: *ídem* e *ipse*. *Ídem* puede tanto rechazar como apropiarse de los efectos de *ipse*; lo *propio* es la apropiación obligada en ídem –"Yo lo pinté"– de los efectos de sentido –"Calle en el campo"– y del efecto sujeto que ese sentido generó. El campo jurídico establece la misma distinción entre la culpa del sujeto y el dolo del autor, e ilustra la diferente responsabilidad penal según qué fuente causal del acto se considere. En ese juego mutuo de los factores, encontramos un amplio abanico de manifestaciones de asunción de la responsabilidad: desde la desmentida –"Yo no hice esto"–, pasando por el síntoma –"Esto es mío, pero no lo hice, me pasa"– hasta la asunción plena y responsable del acto, sin contar las delegaciones, las excusas y los subterfugios.

La catástrofe requiere que tanto el incidente práctico como el hecho desencadenado tengan el valor doble de insistir en su verosimilitud –están allí y no pueden ser negados ni desmentidos– y de obligar a una asunción imposible. Cuando se trata de un incidente práctico, el yo no resiste convivir con él. No puede participar del mismo mundo que aquél ("No puedo convivir con este hecho"), y su única respuesta es el grito mudo y desgarrado, el no horrorizado que niega el hecho ya inevitable. Si bien ésa es

---

[47]   Klee, P. (1923). *Calle en el campo. Strasse im Lager*. 25,3 x 31 cm. Rosen-gart Collection, Lucerna.
[48]   Ricœur, P. *Soi-même comme un autre*, Seuil, París, 1990. *Sí mismo como otro*, Siglo XXI, México, 1996.

una de las etapas del sentimiento de pérdida usual, en los casos de pérdidas no soportadas, el grito mudo permanece como un duelo congelado que lleva a la catástrofe. El hecho insoportable permanece en un ámbito disociado de la vida práctica del autor, quien se comporta como si eso no hubiera ocurrido. Sigue sirviendo la mesa para el ausente, sigue esperando su llegada, mantiene su cuarto preparado, etc. Por el otro lado, cuando el horror surge desde el hecho desencadenado en el obrar del sujeto, sume al autor en un embarazo inevitable. Nuevamente, si bien ese embarazo es usual en los traspiés de cualquiera, en aquellos casos en que el "Trágame, tierra" no puede concluir en una disociación del yo, el horror cunde y arrastra al autor a la catástrofe de no poder convivir en el mismo mundo con él mismo. "No puedo aceptar ser quien hizo esto" ilustra el conflicto de una doble condición irreconciliable.

Sólo queda el grito mudo de una Madre Coraje, de un caballo de Guernica, de una figura de Bacon. Esas representaciones son el monumento de otros gritos recoletos, esbozados en la intimidad dolorida de cada caso. Son gritos que, en su mudez, dicen todo: lo que se puede y lo que no se puede. En éstos aparece la idea de un todo, pero también la de un conjunto de todos, que incluye lo que se sabe y lo que no se sabe, los presentes que se ausentaron y están perdidos, y aquellos de los que no se sabe quiénes son ni qué les pasó porque ningún testigo pudo dar noticia de ellos. Ese *todos* es un número innúmero, pero aparece como una cifra precisa. Son los treinta mil desaparecidos del proceso, un número que trasciende el más allá de los números oficialmente reconocidos: los algo más de ocho mil casos que consignó el informe de la CONADEP y de las cifras jurídicas establecidas. Su número expresa otra cosa, se trata de expresar una verdad emocional que incluya una totalidad: los muertos y los desaparecidos, los conocidos y los desconocidos, los recordados y los aún ignotos a los que

no se puede olvidar. Lo ambiguo, lo anónimo y lo impreciso
conforman un mítico conjunto que anima al acto de la
memoria y de la representación. Ninguna evocación debe
ser demasiado personalizada para que nadie quede fuera,
ni tampoco demasiado genérica para que la memoria no
se distancie demasiado. Se establece una curiosa sintonía
entre el todos y el uno, entre la totalidad del acontecimiento
y el cada caso de cada uno de sus partícipes. Entre éstos
queda el grito. Éste, siendo esencialmente mudo, configura
un llamado y toma prestado en su auxilio cuanta forma
estética tenga a su alcance, desde *El grito* de Munch hasta
un crespón en el brazo de unos jugadores de fútbol, desde
el discurso militante político hasta el estribillo de una can-
ción de *rock*. Discurso de uno y discurso de todos, el argumento de esa memoria circula como una semiosis infinita
colectiva que cobra cuerpo en cada uno y se transforma y
se retoma en el conjunto. En esa expansiva circulación, el
grito mudo se vuelve llamado. El dolor individual se hunde en el de todos y luego, inexorable, retorna como causa
singular en cada uno. Cada llamado retoma el grito y, en
cada oportunidad, algo de él permanece inalterado, pues
conlleva lo esencial de ese primer momento mudo, en el
que el dolor era todo lo que había. Tanto ante la catástrofe
inesperada del hecho terrible como ante la sorpresa del
hecho desencadenado, el grito es la única respuesta; un
espasmódico y perplejo gesto de descarga que presenta
el dolor. Pero el grito gana en su circulación el significado
de un llamado y, en cada repique, su naturaleza obtiene
un grado mayor de complejidad y de matices, de sentidos
personales y de clamor grupal.

DEL GRITO AL LLAMADO

El grito es el primer movimiento de descarga ante la catástrofe, pero hará falta que se articule en un discurso para esperar ser oído y comprendido. El grito aún no tiene la esperanza de una respuesta... ¿de quién o de qué? Las sucesivas estaciones entre la primer descarga solipsista y su ingreso final en la red de intercambios simbólicos ilustran un entramado de creciente complejidad.

Parece natural que un semejante responda al grito del doliente. Sin embargo, éste no lo hace sino a título de portador de un lugar –que hemos figurado como un contorno–, que alberga un nudo de sentidos potenciales. Los intercambios afectivos, tan importantes en el sostén de la mutua convivencia, están mediados por la intervención del lenguaje a partir de nuestra condición parlante. Esa intervención define una brecha y un nudo donde los lazos de trasferencia articulan el uno del individuo y el todo del conjunto comunitario. El grito encuentra, en ese tránsito, su condición de agente del llamado de uno que reclama la atención del todo. Éste puede responder o no de un modo adecuado. Pero, una vez que queda instalado el dispositivo de la transferencia, el todo social siempre responde, aunque más no sea repudiando o ignorando el llamado del individuo.

El grito será un llamado exitoso si logra instalar un nosotros (Rorty,1991)[49] entre el uno y el todo y si se instala

---

[49]   Rorty, R. *Contingencia, ironía y solidaridad*, Paidós, Barcelona, 1991.

una brecha que logre dar cuenta de un sentido posible de
la catástrofe. Una vez localizado el llamado, la respuesta
oscila entre la interpretación y la copia. Esa condición es
inestable. La interpretación más singular y sofisticada puede
ser tomada como un eslogan, y la copia más adocenada
puede a su vez encontrar una deriva interpretativa. El poder
apacigua la subversión novedosa de una interpretación y
la incorpora al sentido común vigente. Así la metáfora más
revulsiva pierde su carácter revoltoso y perdura como una
metáfora muerta en el discurso corriente. La consigna: "Haz
el amor y no la guerra" del movimiento *hippie* americano
fue una protesta pacifista contra la guerra de Vietnam,
pero se transformó en una moda exitosa en los campos de
la música y de la vestimenta. El grito que llamaba a terminar con la guerra se transformó en un llamativo eslogan
y, la consumación de un llamado se volvió un llamado al
consumo de un rasgo distintivo. El fenómeno inverso es
también frecuente. "El silencio es salud" del intendente
de la ciudad de Buenos Aires durante la dictadura perdió
su carácter de invitación a reducir los ruidos molestos y
se transformó en una chicana interpretativa en el discurso
opositor. La salud del silencio significó: "Es mejor callar
para sobrevivir a la violenta represión dictatorial".

Copia e interpretación conviven en el discurso y luchan
por el predominio en el foco de la atención social e individual. En esa disputa inestable, se permutan, se trastocan e
invierten su significado. Sólo en casos extremos podremos
verificar su estado puro, pues de continuo cambian de
estado entre sí. Aun el testimonio más desgarrador puede
terminar en un aviso publicitario, y un aviso publicitario puede involuntariamente contribuir al inicio de una
interpretación revolucionaria. El grito será un llamado
significativo para alguien que lo comprenderá de un modo
singular. Agente y lector están igualmente perdidos en la
traducción de un mensaje que tendrá diferente intención

según la lea cada uno. El malentendido es de estructura; aun así se grita y se llama... y se responde.

En ese tránsito se da figura al llamado: los contornos, las figuras, las siluetas, los vacíos y los espacios evocativos. También quedan las frases que inscriben algún sentido y son el código –natural, mítico, histórico, religioso, político o sobrenatural– donde buscar significado. Esos lugares y esos discursos surgen aislados o se encarnan en un carácter. El llamado queda pintado con aerosol para ser visto por un espectador anónimo o bien se dirige a alguien concreto, sea éste un cantante, un actor, un pintor, un político, un santo, una divinidad o un objeto, una obra de arte o un juguete.

El personaje apelado encarna un objeto intermedio que recibe el llamado y lo representa, lo expresa, juega sus posibilidades, lo denuncia o lo comprende. La materia práctica del objeto intermedio presta su imprescindible utilidad, pues aloja el mensaje; es el escenario o el personaje donde éste se despliega, sin el riesgo de una implicación corporal. Genera una distancia entre el mensaje y el dolor, y así evita el malestar que esa implicación produce. El objeto práctico tiene la condición de representación opaca pues, al tiempo que representa al mensaje, también se desagrega del emisor del mensaje y gana una cierta autonomía respecto de él (Marín, 1995)[50]. El mensaje se distancia del grito e ingresa en un circuito de ganancias de sentido. Esa semiosis tiene un valor lúdico; sus permutaciones e inversiones expanden las perspectivas y ganan un valor genérico. En esa transformación hay una confluencia entre el dolor propio de la víctima y el dolor aún ajeno de la comunidad. En el nosotros implicado que hace del grito un llamado, ocurre una transformación hacia un dolor crecientemente anónimo. Esa condición anónima del dolor permite que éste circule, sea aceptado y asumido como una parte de

---

[50]   Marin, L. *Des pouvoirs de l'image*, Seuil, París, 1995.

la condición humana compartida de todos y de cada uno. Esa transformación del dolor es posiblemente la razón de la tendencia al anonimato del contorno.

Las siluetas anónimas dan pie a todo tipo de lecturas, las que verán en aquéllas un caso autónomo específico, que sólo es lo que es, o bien un caso de lectura en el que el espectador interpreta un hecho de discurso. Los hechos específicos o discursivos son dos modos de leer un mensaje que empezó siendo un grito sin significado y luego se volvió un llamado anónimo. Sobre su materia práctica, el receptor interpreta y otorga un sentido.

La copia y la interpretación

La copia y la interpretación son dos vectores extremos del representar. Nunca están presentes en solitario. No hay modo de copiar un modelo sin al mismo tiempo interpretarlo, ni de interpretar sin tomar en cuenta algún modelo, para dialogar con éste o para contradecirlo. En relación con el tema que aquí interesa, estas dos formas muestran dos tendencias de la respuesta a la inundación de información. El predominio de la copia provoca un retraimiento frente a los estímulos. Genera un espacio aislado sin arriesgar una exposición del compromiso subjetivo ante las vivencias. El vértigo de la copia, a veces frenético, contrasta con la demora morosa de la ensoñación interpretativa. En la tendencia a la copia, se entrega una parte de sí al consumo mercantil de sensaciones, y se retrae tras su coraza la propia sensibilidad. Sólo si hay condiciones para un ejercicio prudente de su espiritualidad, se expondrá y la pondrá en juego a salvo de interrupciones y de malos tratos que puedan provocar un eventual dolor insoportable. Sólo así se puede ejercer una defensa ante una amenaza pública que se sitúa por encima de su crítica, no tanto "por lo que dicen sus caracteres rojos de letrero luminoso, sino por el charco de fuego que los refleja en el asfalto". (Ibíd. 1955: 64). Ese charco de fuego, inasible en su condición virtual de reflejo luminoso, retorna contundente como la sangrienta metáfora del dominio autoritario en "ese huracán que se llama progreso". Esta parábola de Benjamin permite

comprender el doble movimiento que entrega una parte
de la subjetividad al frenesí del consumo para salvar la
intimidad dentro de una coraza autista.

En la estrategia interpretativa, el sujeto propone una
versión de los hechos, los interpreta y los narra centrando
en sí un relato y una historia. Puede hacerlo pues se siente
con fuerzas para oponerse al poder del sujeto autoritario,
que le exige obediencia. Sea en público o en la reserva de
su discurso privado, puede sostener su propia versión y
desafiar tanto la persuasión como la violencia del amo. En
el ámbito de la interpretación, el sujeto sobrevive y puede ejercer su potencia creativa sin caer en la obediencia
debida al poder. Benjamin ubica la singularidad en una
doble tensión hacia las fuerzas que pretenden dominarla y
hacia el colectivo social al cual pertenece. Su mirada tiene
su genealogía en el cruce peculiar que realiza Benjamin
de las tradiciones filosóficas del judaísmo y del marxismo.
Nos vemos en un cruce de perspectivas que debe encau-
zarse sin caer en sus falsas polaridades. La experiencia
(*Erfahrung*) benjaminiana se distingue de la alienación
que le propone la falsa conciencia dominante, pero tiene
una raíz colectiva que la entronca con el colectivo social
de la clase a la cual pertenece. El contacto humano con la
catástrofe (*Katastrophe*) lleva a la experiencia interpretativa
a un terreno mixto: primero, necesariamente articulado
en lo singular, pues es en el individuo donde se plasma
la relación plena entre la cosa y el significado; y segundo,
también en lo colectivo, en tanto el significado del individuo participa y es afectado por su pertenencia a una clase.

Esa encarnación en lo singular de las cualidades genéricas forma parte de las idas y vueltas de la polaridad entre lo
singular individual y lo colectivo. En el individuo se cruzan la
pertenencia a lo colectivo y la pertenencia a lo idiosincrásico
singular, que surge como una fuente personal. Ese cruce de
perspectivas entre lo que está determinado por la lucha de

clases y lo que corresponde a la lealtad con la experiencia
singular es un elemento clave en la exposición benjaminiana
de la experiencia. Esa posición ofrece un eje de posibles mi-
radas de la experiencia, que da dos versiones de la catástrofe:
como el resultado social ilusorio de un falso progreso y como
un hecho sin sentido que no es recuperado por la experiencia. Si bien la crítica del progreso burgués yuxtapone las dos
versiones de la catástrofe en una desgracia única, esas dos
versiones se desagregan en las otras direcciones del devenir
de la experiencia, donde lo idiosincrásico singular surgiría
de la pertenencia a un colectivo social. De ese modo se diferencia la clase social de un conjunto masivo y uniforme para
resultar un factor de influencia colectiva que da un espacio
de cierta libertad potencial para la singularidad de la experiencia personal. En ese espacio potencial, si se logra evitar
la dominación del progreso sin caer en la retracción autista,
se accede a un espacio íntimo y contemplativo. Benjamin ve
en ese recorrido una vía de liberación de la mirada, a partir
de la toma de conciencia de su propio condicionamiento:
"La obra artística plasma el derecho de su autor a manifestarse. El caso del espectador es diferente. Su personalidad,
su honradez y pureza moral legitiman el intento artístico
manifestado, intento que más que arte, ha de considerarse
una revelación. Representa la lucha humana condenada a
señalar simplemente a aquellos que hallaron las formas ante
las que él se inclina... representa el condicionamiento humano
del arte, su surgimiento temporal, su tendencia inmanente y
como educador enseña a los demás, partiendo de su propio
condicionamiento el camino, la dirección moral hacia el arte
y el nuevo genio". (Benjamin, 1980: 80)[51].

Entre líneas surgen dos modos de enfrentar al poder: a)
la retracción de la copia, que se defiende ensimismada en
una coraza, mientras "cómodamente" goza en la superficie

---

[51]   Benjamin, W. 1980, *op. cit.*

de un consumo sensorial y b) la digresión del intérprete, que se demora en su contemplación del mundo, abierto a sí mismo y su subjetividad, de la mano de una memoria involuntaria ensoñada e imaginativa. Ante *el rojo resplandor del aviso en el asfalto*, podemos gozar con su brillo y bailar con su frenesí, o bien demorarnos en encontrar en nuestra memoria aquellos trazos que lo vinculan a nosotros. Aun así, en ambos casos, la velada amenaza de lo rojo, peligroso o sangriento no deja de producir su impresión y de condicionar el margen de la subjetividad. La experiencia interpretativa y la vivencia sensorial son dos vías diferentes de supervivencia del sujeto, con distintos costos.

Es útil establecer una precisión más entre la catástrofe sin sentido y la vivencia sin anclaje en el sujeto. La catástrofe deja a la comunidad o al individuo sin recursos semánticos para dar una versión de ésta y para sostener una identidad. Es un fracaso semántico. Las vivencias sin anclaje en el sujeto son frecuentes en la vida social actual y forman parte de una manera despersonalizada de vivir y de concebir la vida. Si bien comparten con la catástrofe su falta de articulación con una experiencia personal que deje en éstas su marca, su significación no es el resultado de un fracaso, tiene el valor de una exitosa práctica mercantilista de consumo de un *best-seller*, sin las miserias semánticas de la primera (Benjamin, 1936)[52]. La catástrofe puede ser resuelta por una vivencia. Cuando la experiencia y el juego fracasan, ése es su destino habitual. La vivencia brinda una solución uniforme que da cabida a una pertenencia. Si la experiencia encarna los hechos desde una trama personal que los arma desde el "interior", la vivencia sensorial los alberga al modo de un exoesqueleto de confección *prêt-à-porter*. Esta condición favorece la adhesión a agrupaciones uniformes que ofrecen pertenencia.

---

[52]   Benjamin, W. (1936), "El narrador" en *Iluminaciones IV*. Taurus, Madrid, 1998.

La aureola

Las referencias del contorno y de la silueta en el proceso de simbolización están presentes en el campo del psicoanálisis, en las manifestaciones públicas referidas a las catástrofes y en la crítica del arte. La silueta guarda una relación con la noción de "el lugar donde solía estar el objeto" que usó W. Bion (1987)[53] para ubicar el lugar que registra la ausencia sobre el trasfondo de nostalgia por su presencia usual. El contraste de la expectativa anhelada y la ausencia perceptiva produce un lugar vacío allí donde sólo podía aparecer una imagen del objeto esperado, llena de odio y reproche por la desilusión de la privación[54]. Por qué se soporta y se acepta la presencia del vacío y no se llena con reproches es un tema de debate aún hoy. Lo lleno y lo vacío son dos planos que requieren algo más que una reversión entre ambos y no se permutan con sencillez. La idea de vacío sólo puede producirse cuando se depone la desmentida, y el reproche cede su lugar a la nostalgia. El movimiento de deseo del objeto que *solía-estar-ahí-en-el-pasado* se abre a la concepción de un vacío reconocido

---

[53] Bion, W. *Aprendiendo de la experiencia*, Paidós, Bs. As., 1987.
[54] Nota: en la teoría bioniana, la emergencia de un símbolo que evoque una ausencia requiere una transformación. Ésta se inicia con el preconcepto primario de que toda ausencia es el resultado de la acción de un objeto malo presente. Culmina en una concepción que, inhibiendo la emergencia de la primera, accede a la idea de ausencia y se abre al dolor que eso causa.

como una ausencia de ese objeto sólo si se supera el previo rellenado de ese lugar por los reproches y por el odio que ese objeto despierta con su falta. La exploración musical de Cage sobre el significado del silencio ilustra el valor del vacío presente que impacta sobre el trasfondo de la expectativa que tiene la audiencia. En ese caso, prevalece la sorpresa y la incredulidad ante una presencia esperada que se evade. Cuando Cage propone un concierto que inicia con un largo silencio –por ejemplo su obra *Európera*–, la reacción inicial de la audiencia es de risa ante lo que se supone que es una broma, y de irritación si se imagina una broma pesada. La audiencia requiere un cierto tiempo antes de considerar ese mensaje como tal, como un mensaje que la convoca a una nueva actitud. En el terreno de la crítica del arte, Anne Wagner (2000)[55] resalta el valor del casillero en blanco en la tarea de representación, como un intervalo vacío que se presenta entre las presencias.

En nuestro recorrido hemos visitado el contorno de las figuras de Pittsburgh y de las siluetas de los desaparecidos. Si el contorno ofrecía lugares para la identificación y para la imaginación y la silueta ofrecía una solución a la economía del dolor con su alternancia entre lo genérico y el caso por caso, debemos ahora adentrarnos en la aureola para explorar la relación entre *blank* e historia. Los hechos tienen su historia y su prehistoria. Los acontecimientos no surgen aislados y ganan sentido en su interacción con el entorno que los rodea. Aún más, el registro de ellos no se hace en una pizarra en blanco: se articula con otros hechos que iluminan y se iluminan a la luz de su significado. No todo se advierte ni se registra. Estamos abiertos sólo a aquello que cabe en el espacio que le damos. Pero, tras las rendijas que criban el registro de los hechos, permanece

---

55   Wagner, A. "Drawing a blank" in *Representations*, n.º 72. Univ. of California Press, 2000:123-44.

lo que llamaré "la aureola". Esta imagen surgió de la marca
que deja un cuadro al ser descolgado de una pared. Los
cuadros representan una escena pero, además, pueden
ser un *blank* y dar lugar a que el espectador introduzca en
su interior otros contenidos. Esos contenidos propios de
su memoria serán proyectados en el cuadro, siguiendo la
necesidad del espectador de reconocer allí un incidente
de su propia vida y también de reconocerse en esa suerte
de espejo simbólico de sí mismo. El *blank* se pone aún
más de manifiesto si el cuadro es retirado de la pared y
deja una aureola.

Su halo queda enmarcado por el resto de pared ajada
por el uso a través del tiempo. Ese espacio dice de algo
que ocurrió y de algo que no y establece una diferencia,
plenamente marcada por la historia de esa vida –¿sería
mejor decir "enmarcada"?–. La aureola es un modelo que
habla de espacios, para dar lugar a representaciones que
quedan enmarcadas por una historia de paredes usadas,
de usuarios que las ensuciaron, de otros que las pintaron,
de aquellos que sintieron su cobijo o el encierro de su soledad. En esa aureola se puede cifrar una época y recortar
una determinada constelación. Ilustra un recorte arbitrario
realizado en la práctica o, mejor aún, por la práctica o a través de la práctica. De ese modo la aureola permite mostrar
en qué tipo de brecha se registran los hechos; no se trata
de un espacio inaugural en sentido estricto, pues ésta es
en sí misma un resultado. Sin embargo, dentro de ésta se
puede producir un hecho nuevo; para el caso, se puede
usar la aureola para dibujar algo en su interior.

Supongamos que alguien ve una aureola en la pared
y decide pintar algo dentro de ésta. Una vez realizada esa
pintura en la aureola, ¿cómo definir qué ocurrió primero?
¿Podríamos decir que el cuadro pintado en la aureola es
primero respecto de ésta? En algún sentido sí, si pensamos
que la aureola se ha vuelto importante a partir del cuadro

que la usó. Sin embargo, es perfectamente posible decir lo
contrario. Y aún más, es legítimo, pues el cuadro también
es el que es a partir de la aureola donde surgió. La aureola
incluye la historia del pintor, es testigo y testimonio de sus
cercanías, de los cuadros que se colgaron y se descolga-
ron. Cada una de esas funciones puede ser pensada en
este sentido como formando parte del primer cuadro que
se ha pintado al concebir la aureola como un lugar para
pintar, una vez que se tomó la decisión de pintar un cuadro
dentro de aquélla.

La aureola es una brecha, pero además es un marco que
define desde su lugar de contexto lo que queda y se produce
dentro de ella. En ambas funciones produce un testimonio.
El autor, de este modo, se vuelve testigo de los hechos que
pinta y también testigo de sí mismo y de las distorsiones
que impone aun sin saberlo, determinado como está por
la historia que lo define. La aureola se ha constituido en
una pared práctica, tiene una materialidad definida en la
vida en la que surge. Ésta participa de la fortuna de la pared, las ajaduras y los buenos tiempos, los cuidados y los
descuidos, de su construcción y sus derrumbes. Su margen
varía en función de cómo ha sido esa historia.

Dentro de ésta surge la pintura interior. Su posición
es claramente un testimonio. Dice de lo que allí se quiso
representar. Tras su aparente verosimilitud manifiesta,
surgen otras verdades en su interacción con la aureola y
con la mirada del espectador. El pintor pinta en el marco
de su mirada, en el estrecho límite historiado de su aureola
y tiene como interlocutor al espectador virtual con quien
dialoga. En ese vacío marcado por su aureola, expresa los
más diferentes significados según su combinatoria significante: la ausencia, la pérdida, la expulsión, el castigo, el
ostracismo, la veladura de lo terrible, el enigma, el secreto,
lo escondido, lo privado o íntimo, lo confidencial, lo ex-
clusivo, lo ausentado, lo robado, lo asesinado o forzado a

desaparecer. Pinta y atestigua, se autoreconoce y da a los demás su versión de los hechos.

En su testimonio, el vacío de la aureola adquiere un valor que trasciende el lugar de presentar la ausencia, pues es también un intervalo en un entre-dos significante. Esa brecha puede en sí misma adquirir el valor de un significante relacionado con sus vecinos o, y ésta es la apuesta de este escrito, *abrirse a novedades semánticas que se apropien de un retazo aún no concebido de los estados de cosas y se articulen a un sujeto que acepte hacerse cargo de esa sujeción y de esa responsabilidad.* De ese modo el vacío de la aureola tiene dos manifestaciones diversas: a) como 0, donde el vacío es un significante en positivo, es la ausencia, que se inscribe como opuesto a otro, supongamos a 1, que expresa lo lleno o lo presente, lo no perdido; en este caso, la aureola ofrece su vacío para representar lo perdido y el dolor asociado a esa pérdida, mientras que b) como *blank* designa una brecha en el discurso a ser ocupada por un nuevo significante en el futuro, quizás incluso un neologismo, que tanto puede ser 0 como 1. El vacío de la aureola, en este caso, espera que la imaginación se ponga a trabajar en su interior.

Finalmente, podemos extender la idea de aureola a la de juguete, pues el juguete acepta ser lo que dispongamos que sea. Los juguetes son construcciones, en parte materiales, en parte fruto de la invención creadora de quien juega con ellos, que se prestan para alojar lo que allí se ponga, se exija o se preste. Ni la aureola ni el juguete gozan del prestigio de la obra de arte en su representación social ni tienen el impacto de una manifestación popular. Sin embargo, prestan por igual su humilde papel para que, en éstos, se despliegue una tarea de imaginación elaboradora. La aureola que queda en una pared al sacar un cuadro tiene la virtud de mostrar un marco con todas las cualidades de un hecho que aconteció y que, por haber sido, cumple con dos condiciones simultáneas: rememora experiencias y hace espacio para que algo nuevo surja, a medias como una evocación nostálgica de un pasado, a medias como una invención que se apropia de una porción de la vida que aún carece de significado. Las paredes tienen la virtud de ser una superficie que padece contingencias: se ensucian, se agrietan y de esa manera recuerdan el paso de los hechos, de los niños que las dibujaron, de los descuidados que las ajaron, de los cuidadosos que las limpiaron y de los cuadros que estuvieron y se fueron. No es la pizarra en la que se dibuja artificialmente un marco y es algo más que un contorno en el pavimento, es un espacio de aureolas indefinidas, pero aun así nítidas para alojar un nuevo cuadro. Las paredes se prestan mejor que las pizarras para describir las vicisitudes de la vida y la aureola desvaída cumple a la perfección con el modelo de contorno, al que se agrega el tiempo de la vida práctica. Tiene memoria y está investida de una penumbra de imágenes y de emociones. Está abierta a ser vaciada de imágenes o llenada de vacíos nuevos, poblados por la nostalgia de los objetos que solían estar y ya no están. Tiene significados previos, propios de la aureola, de sus dueños, de su lugar en la casa; y a la vez tiene un espacio vacío para que se invente dentro de ésta. Enmarca un intervalo vacío y está abierta a un nudo de significados nuevos que pueden alojarse allí. En la aureola hay lugar para que fenómenos de resonancia entre series de significaciones produzcan un sentido nuevo. Esa emergencia imaginativa participa del tiempo moroso que supo encontrar M. Proust en su búsqueda nostálgica de un tiempo perdido y que W. Benjamin reiteró en su excursión, propia de un *flâneur*, por los pasajes de París y de su propia ensoñación. En esa confluencia entre la realidad física y la realidad psíquica, ellos supieron con nostalgia imaginar, crear e inventar.

La aureola puede llenarse con la copia de una imagen envasada, apelando a la adhesión de su dueño a los emblemas ya establecidos, y resuelve el vacío con significados adocenados que provee la cultura para su consumo. O bien puede inquietar lo suficiente, generar un malestar tolerado y fundar un gesto espontáneo de invención aventurero. En ese caso el gesto no rellena; crea un producto que representa la confluencia entre el vacío de la aureola que enfrenta y la memoria que ésta evoca. La aureola es una realización práctica en la secuencia de los cuadros que se cuelgan y se descuelgan. Aquí propongo usarla como un modelo para pensar la secuencia de las catástrofes que ocurren cuando un hecho espeluznante conmueve a una sociedad. Allí confluyen imágenes y se mezclan distintas lógicas. La lógica de lo irremediable, perdido, muerto y desaparecido para siempre, con la lógica que cuelga y descuelga, que permuta ausencias con nuevas presencias y admite el dolor por lo perdido, pero no se entierra con éste. Sigue adelante y, parafraseando a Beckett, sigue luchando y "sigue hablando aun cuando considere que no hay nada más para decir". (Beckett, 1953)[56].

Como veremos más adelante, en un modelo similar, las obras escultóricas de Tony Smith y de Robert Morris se abren a vacíos enmarcados dentro de sus cajas negras. La sobria figura de un cubo o de un paralelepípedo ofrece una opacidad hacia fuera de sí y se abre a un interior con un contenido vacío. Desde el interior vacío, alguien nos mira, según la interpretación de Didi-Huberman (1992)[57]. El vacío de esa figura escultórica simple, al igual que la aureola, produce un efecto subjetivo de diálogo visual con un

---

[56]   Beckett, S. La cita original dice: "Es necesario seguir hablando, aunque ya no haya nada que decir", *El innombrable*. Ed. Alianza, Buenos Aires, 1953.
[57]   Didi-Huberman, G. *Ce que nous voyons, ce qui nous regarde*, Minuit, París. (1992). *Lo que vemos, lo que nos mira*, Manantial, Buenos Aires, 2006.

ser que habita en el interior. Y con ese sujeto dialogamos, le decimos nuestras cuitas y él nos habla y, en algún caso, nos señala la cifra de nuestro destino. Es curioso que, en el minimalismo, se entablara una polémica sobre si esos elementos estéticos –las cajas negras, los cubos y los paralelepípedos– eran objetos específicos sin otro significado que el de ser lo que se ve en aquéllos o bien elementos afectados por un discurso y, por lo tanto, abiertos a una posible interpretación. ¿Se puede imaginar algún fragmento de un discurso sin la influencia de su contexto? Con razón, este autor compara el efecto discursivo de la obra de Smith con el efecto lúdico del carretel del nieto de Freud, reportado en *Más allá del principio del placer* (Freud, 1920)[58]. La alternancia de la presencia y ausencia prácticas del carretel que el niño arroja y trae se combina con el efecto de discurso de sus locuciones *fort* y *da*, con las que anticipa la presencia del carretel cuando lo arroja, así como anticipa, en la presencia del carretel, la intención de lanzarlo de nuevo y de ausentarlo. Los cuadros que se cuelgan y se descuelgan, las cosas que se tiran y se traen ofrecen al doliente una secuencia de presencias y ausencias que matiza su pérdida irreparable y definitiva. No se trata sólo de poner en activo lo pasivo, sino de transformar la lógica de lo irremediable en una lógica de alternancias simbólicas.

Veamos algunos ejemplos prácticos de la aureola. La representación pictórica que realizó Blanes de la epidemia de fiebre amarilla de 1871 y su efecto colectivo en la población porteña testimonia la apropiación social de una obra de arte como un espacio elaborador (Malosetti-Costa, 2001)[59]. Buenos Aires había sufrido una terrible

---

[58]   Freud, S. (1920), *Más allá del Principio del Placer. Obras completas*, Amorrortu editores, Buenos Aires, 1979.
[59]   Malosetti-Costa, L. Los *primeros modernos. Arte y sociedad en Bs. As. a fines del siglo XIX*, Bs. As., FCE, 2001.

catástrofe que impregnó a su población de dolor y produjo un éxodo interno que modificó la fisonomía de la ciudad. En cada individuo y en el colectivo social, había un anhelo de reparo elaborador. En esos momentos, el pintor uruguayo Juan Manuel Blanes exhibió, en los salones del viejo Teatro Colón, su obra *Episodio de la fiebre amarilla*. Esa exhibición tuvo una repercusión impensada y, durante meses, el público se apiñó para verla. La muestra constituyó un suceso artístico y cultural único para la época. No sólo hubo en ello una razón estética: la obra surgió como el espacio elaborador colectivo de un hecho que había conmovido a todos y a cada uno. La pintura muestra a Roque Pérez y a Manuel Argerich en un conventillo de la calle Balcarce observando el cuerpo exánime de una mujer joven junto a su hijo. Él está llorando buscando su seno; en la penumbra del fondo, se ve a su compañero muerto de espaldas al espectador; un joven desconocido completa la escena junto a los médicos, representando al mensajero que medió entre el dolor y la ciencia. La obra tiene varias valencias para que el espectador haga contacto. Cada una de las figuras y sus vínculos entre sí dan cabida para alojar emergencias de sentido, experiencias de identificación y de representación. Cada espectador seguramente construyó su propia versión de la obra y enfatizó algún ángulo de ésta para adecuarla a sus propias vivencias (Ríos, 2007)[60]. Sin embargo, parece también esencial destacar en esa experiencia su valor colectivo y el efecto catalizador del acto multitudinario en cada experiencia individual. El factor de la eficacia de lo colectivo se verifica incluso en la actitud previa del pintor. Blanes realizó dos versiones del cuadro.

---

[60]   Ríos, C. en "Estética del enamoramiento", *ateneo APDEBA* 2007, recuerda la hipótesis freudiana de la *Gradiva*, donde la fascinación de Hanold por la figura del friso pompeyano es causada por la huella de su amor previo por Zoe, su amiga infantil. Ver Freud, S. "El delirio y los sueños en la *Gradiva* de Jensen", AE, T. IX.

En la primera, la madre está recostada de frente al espectador y aparece muerta; el bebé está a su lado y mama del
pecho muerto para tratar de calmar su hambre. La figura
masculina tiene más presencia en el centro del fondo y,
de ese modo, la muerte tiene una expresión mayor. En
contraste, las figuras de los dos médicos están al costado,
y el muchacho se inclina alarmado ante la miseria. En esa
primera composición, la muerte es la gran protagonista;
la imagen del bebé que trata de comer del pecho muerto
es fuerte, y la desesperanza invade todo. En la segunda y
definitiva versión del cuadro, Blanes gira la composición
y aquí el bebé llora al costado de su madre muerta, ya sin
intentar mamar de ella; detrás de esa escena, están los vi-
sitantes ilustres en el centro del cuadro y, sobre el fondo, la
figura masculina, desdibujada. Ahora la escena contrasta las
miserias de la enfermedad y la muerte con la esperanzada
presencia de la ciencia y la abnegación de los médicos,
dispuestos a paliar ese dolor. En la aureola de su proceso
creativo, el artista parece haber tenido un diálogo interior
con su posible audiencia al reformular su primera versión
en la definitiva. En ese diálogo ha escuchado las objeciones
que se le podían hacer al escenario demasiado crudo y
doloroso, difícil de elaborar por su público potencial. Lo
colectivo afectó a la obra y a su presentación.

En el planteo inicial de esa exposición, se esperaba
una muestra corta. Ésta debió prolongarse durante meses
debido a la presencia masiva del público, que hizo de la
muestra un gran acontecimiento social. También cada
individuo del público recibió la influencia de lo conjunto, y
encontró en los demás una compañía y un reconocimiento
de su dolor. El reconocimiento de su persona, de su memoria y de su dolor fueron los ejes del trabajo realizado en la
exposición y gestaron el sostén de su propia elaboración
personal de lo que había vivido. El valor expresivo de esa
imagen compartida en un hecho colectivo espontáneo

dio cabida y recolectó representaciones muy variadas. Abrió un espacio a la elaboración social de aquello que se perdió en cada caso, en cada uno de los espectadores. La imagen de Blanes resultó una presentación genérica que no sintetizó, pero sí alojó significaciones diferentes entre sí. La experiencia estética que inicialmente se creó en *la vivencia intimista del autor* (Barthes, R. 1957)[61] trascendió esa intención y creó una aureola. El público de Buenos Aires se apropió de ésta para producir un hecho colectivo, y además necesariamente individual, en el que cada espectador tuvo a su vez una experiencia íntima con la obra, personal y distinta.

Nos encontramos ante dos dimensiones diferentes en esa exposición. En primer lugar, la dimensión general *alegórica* del hecho público con un significado común, pleno y cerrado de la exposición del cuadro de Blanes. Luego, en segundo lugar, la dimensión de *sentido*, personal y singular, de la vivencia de cada espectador que se apropió del cuadro e hizo suya la obra. Aquí nos puede ayudar la distinción que realizó Simmel entre símbolo y alegoría, como dos modos distintos de representar. Desde su filosofía de los valores, él atribuyó a la alegoría el valor de una imagen genérica y superficial de los objetos, que perdía contacto con lo singularmente humano de la relación del hombre con su vida y cultura. Esa dimensión singular, que rescata lo distinto, personal y propio de cada uno, es remitida al símbolo. La distinción de estos dos planos de la representación ilustra con elocuencia estas dos funciones de esa exposición: como puesta en público de la obra de un autor y como aureola que abre a la producción subjetiva y simbólica de cada uno de quienes participaron. El debate

---

[61]   Barthes, R. habla del "lenguaje que el escritor usa para sí mismo" en *Mitologías* S. XXI, Bs. As., 2005:229. El original francés *Mythologies*, Seuil, París, 1957.

profundo, a veces irreconciliable, entre el positivismo y la filosofía de vida (*Lebensphilosophie*), que apunta al sentido de los hechos (Lash, 1999: 123)[62] encuentra una posible síntesis en estos dos planos de la experiencia.

Si bien es fácilmente reconocible el significado que tuvo la obra para la generalidad de las personas que la vieron, como *alegoría* de la epidemia, no es sencillo localizar el marco donde la labor de *sentido* tuvo lugar en cada una de ellas. Hay lugares en la pintura donde eso se pudo alojar: el médico y su posición de emblema de la ciencia o de la abnegación pudo dar lugar a ideas de reparación; la figura de la mujer muerta pudo evocar al ser querido muerto; el bebé desolado pudo encarnar el dolor por el duelo. En esos lugares alegóricos, la significación colma una identificación entre el espectador y algo presente en la obra. Aun la figura anónima del mensajero pudo dar cabida al testigo y a su rol característico en una catástrofe. Su mensaje incompleto adquiere verosimilitud al ser completado por el público, que da crédito de la vivencia impensable que él testimonia (Levi, P. 1958[63]; Ricoeur, P. 2000[64]). Cabría asimismo recordar aquí la tesis benjaminiana del héroe, ese prototipo que trasciende el caso ordinario y resulta un eslabón entre la experiencia catastrófica y el

---

[62]   Para un panorama más extenso de esta cuestión, véase Lash, S. "Símbolo y alegoría: Simmel y la sociología alemana" en *A different rationality*, Blackwell, 1999.

[63]   Levi, P. *Se questo è un uomo*, Einaudi Editore, Torino

[64]   Ricoeur, P. *La memoria, la historia, el olvido*, FEC, México, 2000. Pág. 208 y ff. *La mémoire, l'histoire, l'oubli.* Seuil, París, 2000. Señala que el testimonio es un documento, cuya evidencia se mantiene por fuera del texto de la historia. El testimonio personal resiste a la explicación y desde este sentido su verosimilitud puede ser cuestionada. Este punto en particular ha sido desarrollado por Dulong, R. en *Le témoin oculaire. Les conditions socials de l'attestation personnelle*, EHSS, París, 1998. La polémica entre Carlo Ginzburg y Hayne White sobre microhistoria y testimonio propone un tema similar.

orden discursivo que la narra. Sin embargo, este estudio
no busca sólo en las figuras dentro de la escena el punto
de reparo usado en cada caso, sino dentro del marco del
cuadro que, al indicar un espacio definido, marca un lugar
donde se expresa lo que se fue a buscar. El marco define
un contorno que encierra en su negatividad un vacío, un
intervalo, pero también un nudo, donde cabe el *sentido*
por el muerto de cada caso, la historia de cada caso. Es
un contorno en un tiempo determinado, que se abre a
partir de la historia concreta de un pintor y se ofrece a una
población en un momento particular de su historia. Cada
polo de ese diálogo, cada actor de esa múltiple experiencia
dio su lugar y su tiempo para que ocurra lo que ocurrió en
cada caso. La aureola puede ubicarse en todas y cada una
de esas aperturas.

Si la aureola da el aquí y ahora de la emergencia elaboradora y contornea el espacio donde se concreta su
realización, el nudo es el entrecruzamiento de recuerdos,
de ocurrencias y de frases que le dan asidero discursivo. El
nudo se despliega en el intervalo. La aureola es algo más
que un espacio; da una negatividad, una definición de la
caducidad de lo ya dicho y sabido sobre el caso. En esa
negatividad se produce el intervalo. Si éste no es saturado
con viejas explicaciones, si lo ya sabido no reaparece en la
forma de viejo vino en odres nuevos, se da la oportunidad
para que una novedad emerja en el seno de un nudo. Ese
nudo no se aloja de cualquier manera ni en cualquier lugar. No es sólo un azar inventivo. Acontece en el contexto
de un autor que tiene una historia y que, en su aureola,
puede ofrecer un marco determinado que aloja el signo
presente (Peirce, 1908)[65] de cada caso. En ese marco se

---

[65]   Peirce, C. (1908), "A letter to lady Welby" in Hardwick, C. *Semiotic and
        Signifies, The correspondence between Charles Peirce and Lady Welby*.
        Bloomington, IUP, 1977. Pág. 83.

realiza la operación simbólica, diría G. Simmel, que produce un discurso singular donde surge un yo que narra sus
hechos. En los términos de Peirce: "La posición ostensiva
(token) deviene la posición discursiva *(type)*, apelando a
las manifestaciones del signo: 'An actual sign I call a token,
a necessitant sign, a type'". (Ibíd. 1908: 83)[66]. Comprender el
acto de contemplar una obra de arte como un acto cultural
de consumación está dentro del espíritu de una definición
de cultura que trasciende la producción de las bellas artes
y se amplía más allá de las prácticas culturales consagradas
a la manifestación de la práctica humana del individuo
corriente. El propio Simmel lo resume en los siguientes
términos: "Si bien la cultura es una consumación del hombre, en modo alguno cualquier consumación es cultural".
(Simmel, 1986: 122)[67].

Veamos un segundo ejemplo de la aureola. El trabajo
que surge del ensayo de Klein sobre la elaboración de un
duelo corresponde a un incidente imaginario, aunque
se supone que ella creyó que era una anécdota real. Sin
embargo, ese texto tiene interés en tanto sirve de modelo
para estudiar los pasos de producción de un espacio que
figura una ausencia y luego el movimiento de invención
que crea una imagen, en la que el autor se representa en su
emoción y representa algo del objeto perdido. Los hechos
tuvieron la siguiente secuencia: primero, Karin Michäelis
publicó el artículo "El espacio vacío", en el *Berliner Tageblatt*
(Michäelis, K. 1929)[68]. Allí relató la vida de una pintora a

---

[66]   "Llamo "token" al signo real, que está presente, y "type" al signo que es
       necesario o requerido". En esa frase,"token" se asocia a señal, a muestra
       y recuerdo; tiene un valor ostensivo directo. En cambio "type" proviene
       de tipo, de carácter o la letra de una máquina de escribir; es un signo
       articulado a un contexto de signos, lo que hoy se llamaría un enunciado.

[67]   Simmel, G. *El individuo y la libertad. Ensayos de crítica de la cultura*,
       Península, Barcelona, 1986:122.

[68]   Michäelis, K. (1929) "El espacio vacío". "Der leere Fleck", publicado por
       el *Berliner Tageblatt* el 24.3.1929.

quien llamó "Ruth Kjär", presunta amiga del autor, y brindó
una dramática descripción de su severa depresión. Ese
relato fue objeto de reflexión de algunos pensadores del
psicoanálisis. M. Klein se refirió a ella en su trabajo sobre
el impulso creador (Klein, 1929)[69] y posteriormente J. Lacan
se refiere al texto de M. Klein en su seminario sobre la ética
(Lacan, inédito)[70]. La mujer del relato de K. Michäelis está
sumida en un profundo dolor por la muerte de su madre.
Su hermano le había prestado durante algún tiempo unos
cuadros y luego se vio obligado a retirarlos de allí. El lugar
de los cuadros había quedado impreso en la pared como
una aureola blanquecina. Dice ella: "Presa de profun-
da depresión... evocaba... un espacio vacío para mí que
nunca puedo llenar". (Ibíd.). Ese "espacio vacío" subjetivo
encontró, en la aureola de la pared, un inesperado marco
para el desarrollo de una extraordinaria transformación
imaginativa. El personaje de Kjär fantaseó con llenar ese
vacío de la pared pintando sobre ella algo propio de ella,
que nunca antes había hecho. "Con sus ojos velados de
desesperanza... su rostro quedó transfigurado por una son-
risa y... dijo... trataré de pintarrajear un poco yo misma en
la pared". (Ibíd.: 160)[71]. Sin esperar las pinturas que traería
su esposo, inició una febril actividad y, con una carbonilla,
llevó a cabo el boceto de una mujer. Michäelis describe a
esa mujer como la evocación de la madre de Ruth. Hasta
aquí la ficción del relato de Michäelis (Ibíd.)[72]. A partir

---

[69] Klein, M. "Situaciones infantiles de angustia reflejadas en la obra de
      arte y en el impulso creador", *Contribuciones al psicoanálisis*, Hormé,
      Bs. As. 1974.
[70] Lacan, L Seminario sobre la ética, inédito. Un comentario sobre esa
      reflexión puede encontrarse en Muller, J. "Lacan's view of sublimation",
      The Amer. Journal of Psycho- Anal, 1987, Vol. 47 N.º 4. Págs. 315-323.
[71] Ibíd.: 160.
[72] La descripción de Michäelis de ese episodio tiene mucho de imaginación
      literaria y poco de asiento real. El dibujo en la pared con una carbonilla,
      que fue su primera obra, ha sido destruido según señala Madsen. (Ver

de aquí veremos su utilidad como un modelo ficticio de
aureola; ésta se ofrece para reflejar algo personal del personaje doliente.

Allí él presenta su ser y su historia. Sin embargo, se
debe notar que, entre ese reflejo y su visión interior, hay una
gran diferencia. Hay algo ajeno en ese reflejo que dice lo
que dice desde un lugar exterior. De ese lugar surge tanto la
sorpresa de lo que muestra como la fuerza convincente del
mensaje que expresa. Este producto es una versión doble.
Por un lado dice aquello que se refleja en él: "Éste eres, así
te miran, así te ves, te ven"; también le dice: "Éste eres tú,
te lo digo yo que no soy tú". El retorno de la autoimagen
sobre el actor fue explorado por Pirandello al contrastar la
experiencia del actor teatral con la del actor de cine, quien
se ve retratado en el film.

Ese retorno produce la extrañeza frente a la imagen
del doble, un encuentro con un desconocido, tan cercano
o extraño, tan propio y ajeno y a veces tan siniestro (Freud,
1919)[73]. Esa contundencia de la autoimagen reflejada tiene
un valor realista, propio del hecho de observación externo,
que pesa sobre la visión interior; se multiplica si, en vez
de un utensilio mecánico, quien lo dice es un ser humano,
investido y animado a su vez por un deseo. En ese azar está
demarcado el semejante como una presencia y, lo sepa o
no, desde ese lugar dirá su mensaje-interpretación.

Es notable que luego un implacable efecto emocional
impregne esa sombra de la pared y le confiera un aura única.

---

nota en la página siguiente, Fig. 12). Las únicas pinturas de una madre
corresponden a la imagen de la suegra de Ruth (Fig. 11, óleo s/ lienzo)
y Madre e hija, que no se reproduce aquí. Para más detalles se puede
consultar la obra de Herman Madsen, *Malerinden Ruth Weber*, Odense:
Nordisk Literatur Forlag, 1968

[73]   Estas ideas han sido estudiadas en detalle dentro de la experiencia psicoanalítica a partir del artículo de Freud sobre "Lo siniestro" a partir de los
cuentos de Hoffman. Freud, S. "Das Umheimliche", 1919. *Gesamelte Werke.*

Ese efecto hace que esa producción subjetiva sea única e irreemplazable. La soldadura es tan tenaz que el soporte y la transparencia marchan siempre juntos. La aureola es transportada, cortada y emplazada en otro lugar, con pared y todo. Desde entonces, pertenece a la pared, pertenece al cuerpo y a la persona. Ésta es una nueva visión de la importancia de lo original, ahora como sede de un suceso que se ha hincado en la pared, en el cuerpo, en ese tiempo y lugar. Desde ese punto de origen, ofrece la garantía de su autenticidad emocional. Su reemplazo por otro punto o por una copia no da buen resultado. La copia refleja un significado transmisible, pero no tiene la fuerza aurática que provee el original (Benjamin, 1935)[74].

En la experiencia del psicoanalista, se da un fenómeno similar; el juguete –infantil o adulto– lleva esa marca que lo señala desde la visión del paciente; el resto transferencial permanece aunque, al interpretar, intente desembarazarlo de ella. Esa viscosidad, diría Freud, deja una marca que hace historia y deja historia. Sobre aquélla se arman nuevas vías de elaboración y se crean nuevas derivaciones, a mitad de camino de algo que se reiteró, evocado desde el pasado, a mitad de camino de algo que se produjo en ese juguete. Aunque la interpretación produce una desligadura entre la transparencia y el soporte, ese efecto tiene una demora, y esa demora es importante. Tanto el juguete como la aureola tienen una materialidad imprescindible para la custodia de la cuestión emocional que allí ha tenido origen. Sobre aquélla se sostiene una doble perspectiva del juguete necesaria para la elaboración. El juguete es la representación en general desde esta perspectiva, y no es lo que se le adjudica. Tiene toda la fuerza emocional de la representación original y toda la virtualidad de ser

---

[74] Benjamin, W. "La obra de arte en la era de su reproducibilidad técnica", *Discursos interrumpidos*. Ed. Planeta, Bs. As.

sólo un juguete. En esa doble cara, se produce el juego
de repeticiones y transformaciones en el que se articula
el dolor personal en un relato lúdico y en una historia. Al
final, la historia es conocida, el juguete cae al olvido, es
tirado a un rincón de trastos y confundido con otros restos.
Sin embargo, sobre éste queda la vaga sensación de que
en el juguete o con el juguete ocurrió algo original que
no habría podido ser igual con otra cosa. Esa dimensión
aurática del juguete produce efectos emocionales propios
y personales. No sólo es un resultado: también es la causa
de efectos emocionales. No sólo evoca transparencias, sino
que también produce, desde su opaca presencia, el ser un
hecho de experiencia y estar soldado a una experiencia.
Esa soldadura entre la transparencia y el soporte es una
causa ahora también opaca que, desde el aquí y ahora de
esa transferencia, genera efectos emocionales en el curso
futuro de la elaboración lúdica. Se advierte en el personaje de Kjär la producción de una experiencia emocional
creativa. Ésta acontece *en una práctica de producción real.*
Aunque el móvil es imaginativo, su método es una acción
práctica. Esa acción se da en una *aureola* definida e idio-
sincrásica; no se podía usar para el caso otro espacio de
la pared. Debía ser en esa aureola y debía ser en ese momento y en medio de esa urgencia. La producción tiene
materiales reales e imaginarios, procedimientos pictóricos
y emocionales, reglas de confección de la imagen y de la
fantasía. En todo caso, *esa aureola en la pared dio un lugar para que allí aconteciera una producción elaboradora
que tuvo como resultado una representación.* Una primera
respuesta, legítima, acerca de la naturaleza de esa acción
diría que el dibujo es una alegoría de la madre muerta. Sin
embargo, no confundiremos el proceso con el resultado
ni con el carácter de alegoría de ese boceto ni con el valor
estético de éste. El boceto ya es un resultado en el territorio
de la significación. *El "cuadro" que aquí interesa no es el*

*boceto de una madre sino esa aureola que es vista como
una mancha blanquecina en la pared. Esa fue la "pintura"
del sinsentido donde se inició la tarea discursiva del relato.*
Por primera vez en el vacío de esa aureola se estableció
ese nudo que produjo en el personaje de Kjär su urgencia
por dibujar. En esa indefinida evocación, en la interacción
entre la aureola y la pintora, se produjo lo que queremos
localizar. Michäelis ubica en ese momento una bisagra
entre la pasión dolida del duelo y la pasión enunciativa del
boceto donde, según él, se produjo el punto de partida de
una elaboración mítica. Aquí debo agregar una nota que
tiene su importancia; Ole Olsen descubrió que la historia
real corresponde a la pintora danesa Ruth Weber, casada
en segundas nupcias con Axel Kjär. Al igual que una marca
sucia en la pared que aparece en el lugar donde estuvo un
cuadro, allí hay sólo una marca, un vago indicio de algo
que se apoyó en esa pared. Es esa suciedad. Está allí, en
ese lugar preciso (Klein, 1929; Olsen, 2004)[75]. Sin embargo
allí nada está, no es nada; sólo es una desvaída imagen, se
enmarca en un contorno y se abre en un casillero a llenar.

---

[75]   Klein, M. (1929) "Infantile anxiety reflected in a work of art and in the
creative impulse" *Love, guilt and reparation. Writings.* Hogarth Press,
London, 1975. En ese texto M. Klein desarrolla, entre otros temas, el
proceso de duelo de Ruth Kjär, al borronear un dibujo de "su madre
en la desvaída sombra de una pared". Aquí se toma esa anécdota sólo
como un modelo visual para describir la soldadura entre transparencia
y soporte. Es sabido, de acuerdo a Ole Olsen en su texto "Depression
and reparation as themes in Melanie Klein's analysis of the painter
Ruth Weber", incluido en *The Scandinavian psychoanalytic review* 2004,
27:34-42, que en verdad esa pintura no existe. Madsen señala que la
pintora la destruyó. El único cuadro sobre una pared realizado con
carbonilla corresponde al cuadro *Josephine Baker*, pintado en 1928
por Ruth Weber de Kjär. La imagen muestra la carbonilla de una mujer
desnuda sentada en un lecho, mirando a un jarrón sobre la ventana, a
la derecha del espectador (Fig.12). Para más detalles consultar Madsen,
H. (1968), *Malerinden Ruth Weber.* Nordisk Literatur Forlag. Odense y
especialmente el texto de Michäelis, K. "Der leere Fleck", en el *Berliner
Tagleblatt* del 24 de marzo de 1929.

La objetivación de la realidad no viene en nuestra ayuda. Nuestra posición no es distinta de la de Ruth, cualquiera sea su apellido, ni de la de Michäelis, la de Klein, la de Olsen o la de Lacan. En el terreno de la elaboración psíquica, el escenario es ficticio, aunque esa ficción refleje la realidad más fecunda del ser humano. E. Grüner señala que, al leer ficticio, no debemos pensar en algo falso (Grüner, 2003: 5)[76]. En ese ficticio lugar vacío, puede emerger una serie de significados que nunca estuvieron allí y de los que, sin embargo, parece que siempre han estado y que es perfectamente razonable que emerjan allí, en esa pared. En ese vacío se genera un espacio de ficción, y probablemente éstas sean las condiciones generales, únicas y posibles de la elaboración.

En esta geometría emocional, primero reparamos en el contorno como la forma primera que enmarca el rostro del dolido y como el lugar primero para producir una identificación. Luego vimos en la silueta la forma que permite la alternancia entre lo genérico y lo individual. Finalmente, la aureola nos dio una forma en la que se conjugan el tiempo y espacio de una producción original; enmarcadas por las historias de sus partícipes: autores, testigos y espectadores, presentes y futuros, en un delicado juego de tiempos y espacios, producen acuerdos y discrepancias de perspectivas. Estas figuras difieren de las representaciones de vacío porque, si bien representan algo ausente, al mismo tiempo se ofrecen a ser habitadas por contenidos. Más allá de sus distintas posibilidades, son figuras-contorno abiertas a que un autor incluya allí los contenidos pertinentes a su propia idiosincrasia. Las siluetas son vistas en este texto como intervalos, como una suerte de *blank* discursivo en el medio de un texto. La taxonomía que se aplica aquí es

---

[76]   Grüner, E. Prólogo a Catanzaro, G. y Ipar, E. *Las aventuras del marxismo*, Gorla, Bs. As., 2003. Pág. 5.

algo forzada y está al servicio de mostrar diferentes posibilidades de la representación-contorno; es perfectamente
posible que cada una de estas figuras adquiera alguna de las
funciones adjudicadas a las otras y todo sólo se trate de un
juego de énfasis y perspectivas. A partir de aquí queda por
estudiar cómo y sobre qué ocurren las transformaciones y
apropiaciones de significado en el interior de la aureola.

El decir de la aureola

El intervalo (*blank*) común a todas las figuras-contorno descritas exige el respeto por ciertos límites de pertinencia al contexto antecedente y consecuente de un discurso en particular, del autor y del sujeto de cada caso. A su vez, dentro del contenido del *blank*, ocurre una encrucijada de discursos en la que se mezclan y se desmezclan argumentos y relatos. En esa encrucijada se dan repeticiones consabidas y novedades que emergen como hechos de sentido, cuyo sinsentido se resuelve en nuevas series de significados. La lógica del nudo y del intervalo se verifica nuevamente. El intervalo da el lugar y las condiciones para que algo resuene en el nudo.

Al igual que en el minuto de silencio, la lógica del contorno da esa mínima condición para detener el flujo cotidiano de las significaciones en un breve instante. El contorno debe ser siempre mínimo para que algo se memore y algo emerja: una emoción, un dolor, un homenaje, una reflexión, una promesa, una nostalgia o un remordimiento. Encontramos algo similar en las estrategias sociales de homenaje, en la soledad de los ritos funerarios, en ese diálogo en silencio con el ser perdido. Un extraño diálogo entre un autor que vocifera impotencia ante un ser silencioso, elocuente y fecundo en efectos subjetivos. Allí no se habla con la lápida que memora una ausencia; se habla con la presencia viva que habita tras ella, en la creencia del deudo de ser escuchado allí mejor que en otro lugar. El intervalo debe ser mínimo ya que, si no, no se soporta. Está en juego la tolerancia al dolor. Ante el dolor insoportable, surge un derivado de la depresión: el aburrimiento profundo. Cuando la defensa evita el dolor, llena el casillero de vivencias sensoriales consumistas. Si el dolor se tolera y se respetan las condiciones de magnitud, pertinencia y oportunidad, se da la ocasión para que emerja una elaboración. La soledad del que elabora requiere un microclima de protección social de su intimidad para dejarlo a salvo de estas variaciones que, aun siendo pequeñas, pueden perturbar una actividad tan sensible como valiosa.

La elaboración opera sobre aquello que la catástrofe pone en crisis: el sostén de la subjetividad y sus consecuencias en la tradición e identidad de un individuo o una comunidad. Si la catástrofe desarticula las creencias que sostienen esas versiones tradicionales y rompe el orden que aquéllas habían establecido (Moguillansky, 2000)[77], la elaboración recupera un orden a través de la creación de nuevas creencias. La elaboración ordena y selecciona datos; resalta algunos, omite otros y desmiente los que contradicen su argumento narrativo. Así se construye un mito que conjuga un emblema y una historia. Ese discurso no es neutro ni imparcial y recorta una forma –una constelación figurativa de la experiencia (*outline, silueta o aureola*)– rodeada por un escotoma, que le hace de marcofondo. La idea de constelación interesa en tanto alude a un agrupamiento arbitrario de elementos, un recorte que puede incluir elementos que no forman parte necesaria del conjunto, pero no pueden ser discriminados por una precaria observación.

---

[77]   Moguillansky, C. (2000), "El papel de las creencias en las pérdidas y el duelo". Panel plenario de cierre del Congreso Uruguayo de Psicoanálisis. *Los duelos y sus destinos*. Libro del congreso, Tomo I. Págs. 45-54.

En la tópica de la constelación forma-fondo, hay al
menos dos operaciones productivas de significación: a)
la primera ocurre dentro de la figura –*outline, etc.*–: es la
transformación de distintos modos de representar –definir, manifestar, significar– el contenido de esa figura;
y b) en la segunda hay una expansión del universo a
expensas de una *apropiación* de los hechos del fondo,
que no son representados por la figura. Tanto la apropiación como la transformación pueden enriquecer o
desestabilizar la figura. En tanto la figura tiene límites,
sólo pueden desplegarse dentro del intervalo discursivo
(*blank*), condicionado por la cultura y por la identidad
del individuo. Desde luego, si esos límites fuesen gra-
vemente desestabilizados, nos veríamos de nuevo ante
una catástrofe.

Resumiendo: ambas operaciones pueden llevar tanto
a un cambio subjetivo brusco –*cambio catastrófico*– o a
una vivencia sin sentido –*catástrofe*[78]–. Si el primero es un
modo de producción de la experiencia, la segunda implica
su fracaso. En el cambio catastrófico hay turbulencia, pero
el eje central de la significación perdura y sobrevive. La
transformación de lo consabido y la apropiación que gana
sentido y acrecienta lo sabido son dos actos de ganancia
de significación que acontecen en el juego elaborador.
Ambas operaciones pueden producir un cambio mínimo
o un impacto importante en la tradición e historia de un
grupo, y generar la turbulencia de un cambio catastrófico.
El cambio catastrófico es intenso y crítico, pero se mantiene
dentro de las referencias que dan vida a las raíces donde
asienta la atribución de lo propio y lo real. En cambio, en

---

[78]   Bion, W. *Transformations*. Heinemann, London, 1965. Tanto la idea de
     catástrofe como de cambio catastrófico corresponden a la teoría de la
     transformación. El cambio catastrófico acontece cuando se deviene lo
     sabido, en tanto que la catástrofe surge cuando ese proceso falla y se
     rompe la preconcepción de la experiencia.

la catástrofe la experiencia subjetiva no llega a dar cuenta
de los estados de cosas vividos y es atropellada literalmente
por éstos. Se da lugar así a un estado de emergencia lleno
de vivencias sin sentido. Si esas referencias se pierden, la
vivencia adquiere el carácter de un sinsentido irremediable.
Aturde y es vivida como una vivencia real y propia, pero
imposible de asumir por el autor. La persona o el grupo
no pueden ligar esos hechos a su linaje y a su historia. *La
transformación y la invención pueden tener el carácter de
un cambio catastrófico y bordear una zona de catástrofe*
(Bion, 1965)[79].

Precisamente, esta relación del cambio y de la catástrofe con el linaje y la historia pone sobre el tapete la
cuestión de las creencias. La constelación figura-fondo
preserva una creencia establecida sobre sí mismo y el
mundo, y sus cambios generan una nueva creencia. Esa
tendencia conservadora tiende a sostener una identidad
estable. Genera fenómenos de omisión y elisión que afec-
tan tanto a la percepción de los hechos como a su registro
simbólico. En su respeto por la preservación de un orden
imperante, desmiente los estados de cosas y reprime las
manifestaciones simbólicas discordantes. Tanto el psicoanálisis (Freud, 1930)[80] como la Escuela de Frankfurt
(Horkheimer, 1936)[81] consideraron la interiorización de la
dominación cultural como un factor autorepresivo capaz de
generar un profundo malestar estructural. La constelación
figura-fondo propone un sistema inestable de fuerzas y
una lucha de poderes en conflicto. Hay fricciones, hete-
rogeneidades y espacios disociados entre los que luchan
leyes locales y generales, en su mutuo intento de imperar

---

[79]   Bion, W. *Transformations*, Heinemann, London, 1965.
[80]   Freud, S. (1930), *Malestar en la cultura, en OC*, Amorrortu ed., Bs. As. 1979.
[81]   Horkheimer, M. (1936), "El egoísmo y el movimiento emancipador",
       Autoridad, familia y otros escritos, Paidós Ibérica, Barcelona, 2001.

y de restringir. Poder y resistencia, dominación y rebeldía
son pares que mantienen un campo conflictivo y fecundo
en una permanente inestabilidad.

La *transformación* fue estudiada en la producción de
la experiencia articulada en un narrador –la *Erfahrung*–,
que se contrapone con el fetiche, la alienación y la cosi-
ficación. Benjamin ha hecho contribuciones decisivas al
respecto (Benjamin, 1936)[82]. La *transformación* produce
cambios en la representación simbólica de la experiencia,
la acrecienta y enriquece sus vínculos internos y asociados
con el contexto. Esa operación ficticia permuta vínculos y
genera una metamorfosis de la representación. Su tarea
tiene dos pasos sucesivos: producir un sujeto e instalar
un autor. Genera una subjetividad que responde por los
hechos e instala un autor que se apropia de ella, la dis-
torsiona y la tiñe con su peculiar interpretación narrativa
(Benjamin, 1936).

Sin embargo, el terreno más interesante de este estudio
de la experiencia se centra en la *apropiación* dentro del
contorno de la representación. La figura-contorno (*outline*,
silueta, etc.) aloja las experiencias de invención y articula
las vivencias en discursos con significado. Ese alojamiento
inscribe la catástrofe en una narración posible, le da un
lugar y la hace circular dentro de los discursos lúdicos o
narrativos de un sujeto (Moguillansky, 2007)[83] y en la tradición cultural de una comunidad; produce una significación
personal allí donde sólo se manifiesta el sinsentido.

Si la vivencia en su intención de ser objetiva es una
información anónima sin autor, la catástrofe es un dato
caótico sin significado para un sujeto sin recursos para

---

[82]   Benjamin, W. Op. Cit. también se puede consultar su texto "Algunas
       notas sobre Baudelaire".
[83]   Moguillansky, C. (2007), "La invención de la experiencia", Rev. Psicoa-
       nálisis APDEBA 29:2:341-367.

comprenderla y para apropiarse de ésta. La *apropiación* es el camino inventivo para comprender y articular las vivencias catastróficas en su propio discurso, lo que implica una reconducción de la catástrofe al cauce del cambio catastrófico. Al estudiar el contorno en las representaciones concretas tanto en la práctica artística de una comunidad como en las manifestaciones clínicas de personas (niños y jóvenes) en el curso de sus tratamientos psicoanalíticos, se observan sus dos manifestaciones principales: como figuración explícita de algo[84] tal como se señaló en el afiche de Missing Children y como alojamiento –que hace de escenario o de marco– de la representación dramática de una escena.

El gesto de apropiación aloja la catástrofe en un contorno; implica: a) su inscripción en un vocabulario –de signos lúdicos, de gestos, grafos o palabras–; b) su alternancia simbólica: activo-pasivo, presencia-ausencia, frontal-lateral, protagonista-testigo-espectador; c) la inscripción del dolor (inherente al fallo de su elaboración y a su función semántica); d) la oferta concreta de productos sociales como recursos lúdicos para esa tarea: los cuentos infantiles, el arte gráfico y plástico, las fábulas, la música y los mitos. Esos productos ofrecen un contorno en el que tanto el grupo como cada caso individual encuentran un lugar de proyección y alojamiento para su dolor aún sin significado; e) aunque en general estas producciones son anónimas, el aura de la obra plástica es un factor extra en la convocatoria social a una elaboración común y compartida. En esta primera acepción del juego elaborador, el contorno se *apropia* y da alojamiento a la invención; f) en ese contexto la experiencia se reconoce, se da, se recibe, se comunica, se

---

[84] En alemán la representación de algo puede ser una figuración –*Darstellung*– o una expresión dramática –*Vorstellung*–.

comparte y permite que la identificación genere espacios para contener la experiencia, inicialmente extranjera tanto para el cuerpo social como para el sujeto. En esta segunda acepción del juego, se generan *transformaciones* de lo inscripto previamente en la silueta producida por la invención. Desde el punto de vista práctico, una figura-contorno (*outline, silueta, etc.*) puede coincidir con un intervalo discursivo (*blank*), pero está claro que sus diferencias formales son evidentes, en tanto la forma-contorno bordea una figura y el intervalo inaugura una nueva definición discursiva.

Finalmente, la distinción entre experiencia y vivencia permite una descripción discriminada. El arte y la producción creativa de objetos de consumación se diferencian del consumo de objetos envasados. La audiencia y el espectador consuman una experiencia inédita, personal y original con la obra. Sus razones emocionales los impulsan a una interacción creativa y altamente personal con la obra que los conmueve y difieren de la lógica narcisista y mercantil del acto de consumo de un objeto de moda o un *best-seller*. La representación envasada aparece en diversas manifestaciones de la comunicación social global y en las situaciones locales de intercambio rutinario predominante: los hábitos y conductas estándar. Los factores que impulsan el modo de la representación envasada son variados. Van desde la economía del hábito, que realiza tareas rutinarias sin selección intelectual, hasta el mandato global y sensorial propio de la publicidad realizada con propósitos comerciales o proselitistas. En la economía mental del hábito, la publicidad establece un signo del tipo: "Sea exitoso, fume", que desmiente el elemento negativo disfuncional del mensaje: "Sea exitoso, mátese fumando". Si la estrategia mercantil es a su vez exitosa, la multitud obedece al mandato, por más mortífero que sea. En contraste, la lealtad a la propia emoción lucha con el ideal de pertenecer a un campo

simbólico o de distinción cultural (Bourdieu, 1994)[85] y erige
un factor de resistencia a la dominación (de Certeau, M.,
1974)[86]. En esta línea de ideas, la elaboración centrada en el
dolor humano de un grupo innúmero e incierto explicaría el
carácter anónimo que ganan esas producciones populares,
a pesar de tener muchas veces un autor conocido. Estas
ideas podrían incentivar la implementación de estrategias
activas de elaboración de catástrofes y el uso de prácticas
específicas de producción de contorno y de escenarios de
intercambio grupal.

---

[85]   Bourdieu, P. *Lire les sciences sociales, 1989-92*. Vol. I Belin, 1994. «La no-
        tion de champ c'est la mise en œuvre du principe fondamental qui pose
        que le réel social es relationnel [...] ce principe conduit à construire des
        objets comme l'espace de grandes écoles, comme le champ intellectuel
        et le champ artistique...» :326-329. (La noción de campo es la puesta en
        juego de un principio fundamental que señala que la realidad social es
        relacional [...] ese principio conduce a construir objetos como el espacio
        de las grandes escuelas, como el campo intelectual y el campo artístico).
[86]   Certeau, de M. *La culture au pluriel*, Union Générale d'Editions, París, 1974.

La silueta

Afiches de figuras humanas y de siluetas

Algunas con rostros figurados. Contornos vacíos, sin rostro, alguno de una silueta embarazada. Se alternan la frase "Aparición con vida" con otros parlamentos que indican el nombre de un familiar detenido desaparecido y la fecha de su desaparición. Estas imágenes corresponden a la pegatina realizada el 21 de septiembre de 1983 en ocasión de la Tercera Marcha de Repudio promovida por Madres de Plaza de Mayo contra la Ley de Autoamnistía, promulgada por el Gobierno militar algunos meses antes de entregar el

mando. El 30 de octubre de ese año, Raúl Alfonsín asumió
como presidente constitucional y de inmediato enjuició a
los integrantes de las juntas militares.

La silueta es otra manifestación de esta geometría de
la representación. Hay una relación de familiaridad entre
la abstracta y depurada silueta vacía y el dibujo en tiza
sobre el piso alrededor de un cuerpo, tal como vimos en
los contornos de Pittsburgh y del Proyecto Pentágono. Sin
embargo, se deben consignar algunas diferencias entre estos
tipos de silueta. En la Argentina las marchas populares de
repudio a la dictadura militar de 1976-1983 produjeron un
hecho significativo. En la masa humana que manifestaba,
se producía un espacio vacío, un contorno que no debía ser
ocupado por nadie. Si alguien por error se ubicaba allí, era
invitado con amabilidad a desocuparlo. Este espacio vacío
representaba, en cada uno y en la memoria colectiva, el
vacío real generado por la multitud de desaparecidos asesi-
nados por la dictadura. Ese espacio vacío era más evocativo
que las fotos concretas de las personas desaparecidas, y
su lugar ganaba el lugar de lo que se debe honrar. En la
Tercera Marcha de Repudio a la Ley Militar de Autoamnistía
realizada por las Madres de Plaza de Mayo el 21 de septiembre de 1983, las paredes de Buenos Aires aparecieron
con carteles donde se veían los contorno vacíos de figuras
humanas sin rostro pintados con aerosol. Ese contorno es
un registro vacío que reemplaza a una imagen, y adquiere
así un valor de representación genérica para cada caso que
había sido sufrido por muchos. Consigno una reseña de
estas noticias. En 1983, antes de su retirada del gobierno,
los militares redactaron un documento militar sobre la
represión el 28 de abril y luego una Ley de Autoamnistía
(N.o 22.924) que, a pesar del rechazo masivo, fue decretada
el 23 de septiembre 1983. Ésta fue posteriormente derogada
por el gobierno de Raúl Alfonsín, quien asumió el 10 de
diciembre de ese año. La primera marcha de repudio contra

esa ley se realizó el 19 de agosto y participaron aproxima-
damente treinta mil manifestantes. Posteriormente, la
Tercera Marcha de la Resistencia fue convocada por las
Madres de Plaza de Mayo y por organismos de derechos
humanos el 21 de septiembre en el clima electoral previo
al triunfo del partido radical. La imagen de las Madres que
participaban en su ronda habitual frente a la Casa Rosada
fue la imagen convocante de la marcha. Allí se leía el texto:
"Por la aparición con vida de los detenidos-desaparecidos".
Las Madres de Plaza de Mayo lucharon contra el régimen
militar e intentaron buscar respuestas sobre sus hijos y
quebrar al sector de la sociedad que apoyaba al régimen
militar. La derrota militar en Malvinas, que aceleró el fin
de la dictadura, permitió que la acción de las Madres fuera
más ofensiva. Esa lucha tuvo su mejor expresión durante la
Tercera Marcha de la Resistencia. Esa gesta fue una acción
política, pero además generó una manifestación estética y
elaboradora: *el siluetazo*. La producción de las siluetas de
los detenidos-desaparecidos fue una iniciativa de Rodolfo
Aguerrebery, Julio Flores y Guillermo Kexel. Su idea tuvo
como antecedente una práctica docente de reconocimiento
corporal con sus alumnos al hacerles dibujar el contorno
de otro estudiante acostado sobre un papel en el piso.

Sin embargo, la idea original figuraba en una obra
de Jerzy Skapski sobre el genocidio nazi en Auschwitz,
reproducida en la revista *El Correo de la UNESCO,* de octubre de 1978: allí se veían veinticuatro hileras de siluetas
de mujeres, hombres y niños con un texto explicativo*:*
"Cada día en Auschwitz morían 2370 personas, justo el
número de figuras que aquí se reproducen. El campo de
concentración de Auschwitz funcionó durante 1688 días,
y ése es exactamente el número de ejemplares que se han
impreso de este cartel. En total perecieron en el campo
unos cuatro millones de seres humanos". Otro antecedente
se originó en 1982 en Suiza, en una manifestación por los

desaparecidos del mundo[8]. El dibujo de las siluetas de las
víctimas y la apreciación de la cantidad de éstas en una
relación numérica se conservaron en "el siluetazo". Tanto
en la obra de Skapski como en el siluetazo, el protagonismo
de la imagen vacía gana sobre la imagen llena del rostro
de una víctima. El genocidio nazi y la masacre comparten
ese mismo gesto elaborador que busca dar un espacio a
una vivencia irrepresentable. Aquí no se discute si ambos episodios son homogéneos o comparables; se trata
de verificar si el contorno vacío es la representación que
aloja ese indecible y si en esa manera de tratar los hechos
enfrentamos un acto de representar o una actividad conjunta de comunicar y de compartir. Otro hecho a tener en
cuenta es que las siluetas vacías recuerdan el contorno del
cuerpo de un abatido dibujado por la policía con una tiza
para señalar el lugar que ocupaba el cadáver. Esa alusión
parece estar muy presente en ese acto, pues era el modo
de expresar las emociones asociadas al modo "policíaco"
en que los detenidos fueron forzadamente desaparecidos.
En ese caso, el contorno ya no es vacío, sino representación
plena, pues representa plenamente a una experiencia con
sentido y significado tan pleno como compartido. En ese
plano, al igual que en las siluetas de Pittsburgh, se está en
el terreno de la alegoría, aunque persiste el uso de la silueta
como espacio a ser llenado por el participante en su lugar de
espectador. Otro elemento de esa experiencia es su autoría
y su referencia a un sujeto. Como todos los actos humanos,
este hecho tuvo autores, algunos conocidos y citados por
las publicaciones, muchísimos otros sólo conocidos por sus
compañeros circunstanciales del momento y la inmensa
mayoría desconocidos. Como veremos, la autoría merece
diferenciarse de la referencia a un sujeto que se apropie de
ella. Hubo autores particulares, pero el sujeto de referencia
fueron todos. *Fue anónimo*. Sólo de ese modo se incluye
a los que estuvieron y a los que no pudieron estar, a los

vivos y a los muertos, a los conocidos y a los desconocidos, a los presentes y a los desaparecidos. Uno de sus autores, Guillermo Kexel, señaló que en el inicio habían pensado "... producir una obra colectiva de grandes dimensiones sobre el tema de los desaparecidos que debía presentarse ante el salón de la Fundación ESSO, para Objetos y Experiencias". En un principio creyeron que se trataba de una producción usual y ordinaria en la que un autor reclamaba su derecho a apropiarse de la significación de ese acto. Luego la autoría colectiva fue dejada de lado ante la presión de las Madres, quienes fueron las voceras de un reclamo global. La propuesta fue la siguiente: "Realizar 30.000 imágenes de figuras humanas a tamaño natural realizadas por todas las entidades y militantes de distintos sectores que coincidan en reclamar por los derechos humanos". Los objetivos debían apartarse de una propuesta sectorial, para expresar el reclamo global: reclamar la aparición con vida de los desaparecidos por causas políticas; darle a esa exigencia la posibilidad de expresión y perdurabilidad temporal; crear un hecho gráfico que golpeara al Gobierno a través de su magnitud física y desarrollo formal y que, por lo inusual, renovara la atención de los medios de difusión; provocar una actividad aglutinante, que movilizara a la gente a salir a la calle. Está claro el objetivo de vincular la imagen con una consigna, con el fin de generar repercusión en los medios. El tamaño del papel debía permitir acostar a un compañero y que entrara de cuerpo completo, y se le marcaba la silueta con un marcador grueso o con otro material indeleble. Se pintó el interior sobre otro papel con rodillo o con aerosol. En su elaboración de la propuesta, las Madres pidieron sostener el carácter *anónimo* tanto de los autores como de las siluetas y se preocuparon por remarcar el carácter vital que debían tener; se negaron a que se realizaran impresiones en el piso para evitar su asociación con la muerte. La idea de la desaparición forzada era más importante que la de la muerte. Aquí había un argumento de lucha contra la postura militar de declarar muertos a los desaparecidos pero, más importante aún, había una propuesta ética y elaboradora para los deudos. La propuesta reconocía a los detenidos-desaparecidos y a todos los que reclamaban su aparición con vida. La exigencia de la búsqueda de los que aún seguían vivos y la exigencia ética de resolver la cuestión de los desaparecidos marcan una diferencia entre esta experiencia –que exige que no se hagan las siluetas en el piso– y la de Pittsburgh (en la que se buscó explícitamente ese efecto), pues esta última rememora a los muertos efectivos por la bomba. La cuestión de lo anónimo también tiene matices. Los autores debían ser anónimos pues así se mantenía la idea de un reclamo global ejercido por un sujeto colectivo sin exclusiones. Sin embargo, no sólo los autores debían ser anónimos. Las siluetas también debían serlo. Sólo de ese modo adquirían un carácter genérico que sumaba a todas las víctimas en cada silueta. También se negaron a incluir leyendas políticas partidarias en las siluetas de detenidos-desaparecidos. Otra prescripción a favor de una posición global.

Joven dibujando un contorno en la plaza junto a otras siluetas

El texto de la convocatoria para coordinar la actividad sostuvo ya la idea de la confección de siluetas durante la marcha: "... se habilitará una zona de la misma plaza para que durante esas 24 horas se sigan produciendo figuras [...] la consigna es entonces: que cada uno de los asistentes a la Marcha de la Resistencia vaya provisto de su silueta y todo el material que pueda conseguir para hacer más en la plaza". A la vez, llamaba a producir siluetas a "todas las entidades, militantes y particulares, partidos políticos, centros de estudiantes, organismos de Derechos Humanos y trabajadores que coinciden en reclamar por los desaparecidos". Durante la movilización, se instaló un taller en la Plaza de Mayo, para realizar las treinta mil figuras. El taller se constituyó como una intensa experiencia colectiva. Cada contorno se hacía con una persona que colocaba su cuerpo sobre el papel y se colocaba en el lugar de uno más de los detenidos-desaparecidos, y el contorno dibujado sobre su silueta conformaba la silueta de un detenido-desaparecido. Esta práctica fue más que un recurso técnico y produjo un movimiento colectivo de trabajo elaborador en el que cada uno, asociado con los otros, pero a solas con su propio proceso de elaboración, se ponía en el lugar de ese otro al que memoraba y por el que quería reclamar. En algunos casos hubo consignas y leyendas: "Aparición con vida"; "¿Dónde está?"; "Cárcel a los genocidas"; "Juicio y castigo"; "Ni olvido ni perdón"; "30.000 desaparecidos"; "Justicia"; etc., que se relacionaban con los grafitis partidarios. El carácter anónimo de las siluetas se modificó en medio de la marcha, cuando los manifestantes solicitaron la inscripción del nombre y de la fecha de detención de algún detenido-desaparecido. En algunas siluetas se dibujaron rasgos: ojos, narices, y fueron naturalizadas. Para realizar la figura de las embarazadas, alguien se colocó con un almohadón sobre su vientre mientras otro de perfil dibujaba su contorno. Hubo cuerpos con palotes y siluetas de bebés que gateaban. Se

troqueló una ronda de siluetas de detenidos-desaparecidos
y se colocaron en un árbol como un símil de *La danza*, de
Matisse. Se construyeron corazones rojos hechos en papel
y se pegaron en las siluetas negras y blancas que rodeaban
la plaza. Cada una de esas técnicas determinó la calidad
formal de las siluetas, y se hizo evidente su carga afectiva.
La distribución de las siluetas fue realizada para cubrir el
área urbana propuesta. La pegatina de las siluetas mostró
el impacto de la imagen en el espacio urbano en un horizonte de siluetas semejantes mostrando la masacre en cada
figura, en una historia individual concreta. De esta manera,
las siluetas reclamaban la aparición con vida, y el vacío del
contorno de éstas expresaba la ausencia-presencia de los
detenidos desaparecidos. El 3 de abril de 2005, se realizó
un nuevo siluetazo frente a las puertas de la ESMA (Escuela
de Mecánica de la Armada), un lugar emblemático de los
centros de tortura y de detención de la dictadura, que hoy
se ha dispuesto reciclar como Museo de la Memoria. En esa
oportunidad nuevamente se exhibieron siluetas y placas
vacías, ya alegóricas de aquel siluetazo de 1983, pues rememoraban un hecho recordado por una mayoría con un
significado compartido. Hubo otras manifestaciones de lo
vacío en dos provincias argentinas: la mesa tendida para
los ausentes realizada en Córdoba en 2001 y la exhibición
urbana de cajas vacías realizada en Resistencia (Chaco),
en las que el vacío se expresó en volúmenes.

Muchos autores se han referido a estos episodios y
al valor político, social y representativo de esas imágenes.
Longoni y Bruzzone realizaron un libro llamado *El siluetazo*
(Longoni y Bruzzone 2008)[87]. Se ha vinculado el vacío del
contorno de la silueta con una mirada que mira al espectador
y se ha comparado con el valor aurático del punto que nos

---

[87]   Longoni, A. y Bruzzone, G. *El siluetazo*, Prólogo de E. Grüner, Adriana
Hidalgo, Bs. As., 2008

mira en la obra de arte original (Grüner, 2008). Estas ideas
sobre la mirada desde el objeto vacío ya estaban presentes
en el trabajo de Didi-Huberman sobre el arte minimalista
de Tony Smith (Didi-Huberman, 1992)[88]. Se debería distinguir cada una de esas producciones de silueta y de vacío
en función del contexto de creación y del efecto que tiene
o ha tenido sobre el discurso, preexistente o futuro. El trabajo de Skapski sobre el genocidio nazi es un trabajo de
rememoración de una memoria. La fecha de su ejecución
reconoce una serie de actos de memoria y de elaboración,
y por esa razón su efecto tiene una doble inscripción: a) por
un lado es uno más de los innumerables movimientos de
elaboración de un hecho que se escapa a una cabal representación, b) además se refiere a otras rememoraciones,
las alegoriza y las relanza en una nueva apuesta: que cada
una de esas figuras represente a cada una de las víctimas.
Si bien es una obra a pedido desde un sujeto colectivo, el
autor de esa obra es individual y su reproducción es técnica.
El colectivo queda del lado del sujeto, que pide y reclama
la obra, y del lado de los múltiples espectadores que leerán
el *Correo...* y verán las siluetas. A su vez el siluetazo de la
ESMA tiene ese mismo desdoblamiento, elabora una vez
más un hecho que insiste en su repetición y a la vez memora
o alegoriza un acto previo, la marcha de repudio de 1983 ya
inscripta. L. Marín (1995)[89] describió este desdoblamiento
de la representación como reflejo de un hecho y como una
presencia práctica, real y actual. Esa presencia actual tiene
un valor emocional y político en sí misma y despliega su
efecto desde su propia insistencia. La figura vacía recuerda
otras figuras ya ejecutadas[90]. La situación de las siluetas

[88]   Didi-Huberman, G. (1992) *Lo que vemos, lo que nos mira*, Manantial,
       2006, Buenos Aires.
[89]   Marin, L. *Des pouvoirs de l'image.*,Seuil, París, 1995.
[90]   Como autor del texto, quedo pasmado ante la frase que "me" surgió
       y que dejo tal cual con vacilación, pero animado por la evidencia de

de 1983 tiene una cualidad diferente a las anteriores, pues muestra la evidencia del valor de la elaboración colectiva de un suceso que afectó al conjunto. Esa producción es y no es en imagen. No obstante, es en sí misma alegórica. Ella apela al valor de la imagen para destacar que lo que se muestra es lo que no está y debe ser incorporado a la red de donde se ha ausentado. La representación re-presenta y, al mismo tiempo que alude, muestra una ausencia. La representación "mata" lo representado. ¿Qué entendemos por eso? Lo simbólico gana un lugar allí donde la imagen se desvanece a favor de dejar como rastro el lugar donde se espera que aparezca. La representación reemplaza el lugar donde solía estar el objeto evocado. Entre la representación y lo representado, se establecen dos espacios y dos lógicas en tensión y en cooperación: la representación propiamente dicha y la participación. Una vez que el objeto es representado por la representación, sólo participa en tanto es evocado por ésta. La representación media y desplaza lo que representa. En eso difiere de la presentación, en tanto esta última presenta al objeto en su mayor realidad, como una reiteración plena de su participación real. Aquí la dimensión de lo anónimo vuelve a jugar un papel de importancia. La desaparición del individuo particular a favor de la silueta evita una excesiva participación de cada uno de los individuos a favor de la representación genérica, y su participación es recuperada por la lógica del cada caso, presentada en el número. Tantos casos, tantas siluetas. Esa estrategia de la producción representacional permite una doble lectura: social en tanto esos contornos sin imagen dan un reparo discursivo y elaborador a esos muchos dispersos que sufrieron el cada caso. Al mismo tiempo se trata de una experiencia individual pues,

---

un nuevo movimiento de elaboración que condensa las referencias a la ejecución artística y política de los manifestantes de 1983 y a las ejecuciones que asesinaron a 30.000 argentinos.

en cada caso, cada una de esas personas dispersas encontró, en ese contorno sin imagen, un lugar de visibilidad, de
pensamiento y de elaboración para su malestar personal. No
es sencillo responder dónde empieza la alegoría y dónde se
produce ese movimiento elaborador entre la pasión dolida
de la vivencia ostensiva y el momento de la enunciación. La
imagen del contorno ya es una respuesta y constituye una
alegoría, pero al mismo tiempo evoca un casillero necesario
para torcer la posición de sometimiento pasivo al régimen
hacia una activa reformulación de la resistencia. Un nudo
y un intervalo que tuvo diferentes alternativas, en las que
cada caso habrá encontrado o no una salida.

Está clara la insistencia en numerar y dar número a lo
que es innúmero. No sabemos ni sabremos el número de
víctimas de cada una de estas masacres. Sin embargo es
necesario numerar, decir que fueron treinta mil. Ese número
es aproximado y de hecho difiere de la cifra reportada en
Nunca más, esos algo más de 9000 casos del informe de
la CONADEP. Pero esa cifra repetida hasta el cansancio
adquiere el valor de un saber o de un mito social y dice y
define algo en medio de lo innúmero. Se advierte también la
necesidad de la recuperación de cada caso. Cada caso debe
ser reconocido en su lugar de caso único, de caso irrepetible
en su significación personal, en su vínculo emocional con
la memoria de quienes lo conocieron. Cada caso llama a un
gesto de reconocimiento que le dé un lugar en la memoria
y lo restituya a su lugar en una trama. Al mismo tiempo la
silueta vacía y a la vez anónima da el único cuerpo posible
al cuerpo incierto de cada desaparecido, y a los cuerpos de
los otros, todos los otros y cada uno de esos otros que se
evocan en cada caso que se representa. El reconocimiento
es una necesidad atribuida a la víctima, pero además es una
necesidad de quien hace el gesto de representar. Al reconocer se da lugar e inserción a un agujero y se intenta suturar
una trama desgarrada. No se es humano como resultado de

una diferencia sustantiva. Allí donde no hay una substancia humana, es necesario que el hombre se vea y se reconozca hombre para que ese gesto haga de él un ser diferente del resto de los antropoides. De otro modo, esa falta de reconocimiento deja tanto a la víctima como a sus deudos en la posición de animales no humanos, menos que humanos, extranjeros de una casta que los excluye (Agamben, 2006)[91]. La operación de la silueta desanda la operación inversa de deshumanización realizada en el primer paso de la masacre. Fue necesario en primer lugar declarar a las víctimas como extranjeras y ajenas al ámbito de la sociedad para que, en un segundo momento, se legitimaran la tortura y el asesinato como dos herramientas útiles e imprescindibles en la operación de exterminio. Es a partir de definir como enemigos de la sociedad a la guerrilla y a los militantes de la oposición política al régimen militar para que luego se pudiera hablar de "guerra", de "guerra interna", de "guerra sucia" y otros términos similares con los que se intentó legitimar esa intervención. Curiosamente, ese gesto de reconocimiento requiere de un primer paso por lo anónimo y del caso a caso para luego conducir la investigación de los casos individuales. Sólo lo anónimo tiene valor de representación del conjunto. Finalmente, al observar las siluetas de las figuras de la escultura de Aizemberg, se advierte que, en su cuerpo, dentro de su contorno ingresa el río. Ese mudo testigo de las inmersiones desde el aire en el que los militares arrojaban a los cadáveres y a las víctimas inconscientes, para matarlos o para inútilmente esconder las evidencias de su acción "legítima". El río muestra la escena y la contradicción de una acción que se pronunció legítima y se ejerció con el sigilo de una conciencia sucia. En la imagen se condensan estas facetas con economía de medios. Contexto y figura interactúan y se

---

[91]   Agamben, G. *Lo abierto, el hombre y el animal*, Adriana Hidalgo, Bs. As., 2006.

interpenetran. La fórmula de Kandinsky presta una vez más su valor para resaltar el efecto de sentido que muestra aquello que no se puede decir sin abundar (Kandinsky, 1912)[92]. El arte dice lo indecible. No es un snobismo ocioso para seres sin historia, como pretendía Kojève, y ejerce una tarea de revelación y elaboración, que produce como resultado un humanismo, tal como Bataille insistía en *Acéphale*.

Lo anónimo tiene un valor esencial en la producción de una tópica y una economía del proceso de elaboración. Es interesante agregar que lo anónimo también tiene un valor opuesto en tanto siempre acompaña a las defensas de desmentida de la realidad (Moguillansky, 2006)[93]. Enfrentamos lo anónimo en un cruce de caminos de las soluciones elaboradoras y defensivas. Ambas estrategias lo requieren. Sin embargo, podemos advertir una cuestión de énfasis y de dirección diferentes en el uso que hacen del anónimo. Si la elaboración apela a lo anónimo para evitar la excesiva investidura del dolor que impide el ingreso de lo irreparable en la lógica alternante de lo simbólico, la desmentida maníaca apela a lo anónimo para evitar el reconocimiento tanto de la existencia e investidura de lo perdido como de la participación emocional del sujeto en el dolor de pérdida. La desmentida plantea una severa escisión entre la memoria y la experiencia, y genera situaciones del tipo: "De eso no se habla, eso no existe, no ocurrió o no fue para tanto". Entre la desmentida y la elaboración, se da un gradiente económico entre el dolor experimentado y su tolerancia posible. En ese continuo surge un punto de catástrofe o de decisión que divide aguas y en el que se distribuyen direcciones, sea hacia la desmentida defensiva o hacia la elaboración (Lorenz, 1963)[94].

---

[92] Kandinsky, V. *Klange*, Piper Verlag. Munchen, 1912.
[93] Moguillansky, C. "Las defensas maníacas", *Ateneo Científico de APDEBA*, marzo 2006. Archivos Secretaría Científica APDEBA.
[94] Lorenz, E. (1963), *Journal of the Atmospheric Sciences*. 20:130.

EL ESPEJO Y LA AUSENCIA

Las observaciones anteriores están cerca de ser un hecho cultural espontáneo. En otros casos se trata de lo que se llama "una intervención urbana", un acto que produce un efecto de significado, en general, una alegoría plena y cerrada en su significado que, al aparecer en un ámbito heterogéneo, logra efectivizar la intención revulsiva de conmover algo establecido y, en verdad, esta revulsión es el elemento central de su efecto estético. En esas intervenciones tienen lugar transformaciones de la representación que oscilan entre la alegoría y la metáfora. El estatus de la representación no es estable y han sido P. Ricoeur (1975)[95] y G. Lakoff, quienes describieron esas vicisitudes: la vida, la muerte y la resurrección de la metáfora que, en sus distintas eficacias sociales, pasa de ser una metáfora viva que contiene un sentido flotante a ser una metáfora muerta que sólo es un reparo común de significados usuales y eventualmente vuelve a revivir, y genera nuevas perspectivas del sentido (Lakoff et al. 2004)[96]. Esas intervenciones muestran una faceta elaboradora de la producción estética, en la que un artista produce un acto público, generalmente sobre un espacio u objeto públicos, con la intención de resaltar y de poner en evidencia un ángulo en particular.

---

[95]   Ricoeur, P. *La métaphore vive*, Seuil, París, 1986.
[96]   Lakoff, G. & Johnson, M. *Metáforas de la vida cotidiana*, Cátedra, 2004

La producción inicial gana un nuevo sentido en el momento en que esa intervención es vista por el transeúnte que, en cada caso, "completa" la obra. Esa segunda producción puede ser pública o sólo privada, dentro de la subjetividad del espectador. En cualquier caso tiene un efecto que trasciende el consumo estético para ganar el valor de una elaboración simbólica de una situación subjetiva insoportable. La intervención se ofrece como un espacio de procesamiento figurativo que evoca un acontecimiento público –una catástrofe, una masacre, una epidemia, un incidente político– que tiene, en cada posible espectador, una participación singular. Al igual que en los casos anteriores, en el acontecimiento social encontramos versiones personales dispersas y una historia personal distinta en cada caso. Sin embargo, cada uno de esos incidentes privados se articula en un colectivo a partir del reconocimiento posterior que hace de esa experiencia. Se ordenan versiones o historias, en las que se localizan *topoi*, y se urde una trama argumentativa que distribuye responsabilidades, culpas y heroísmos, y una cosmovisión genérica que pretende generar hechos pensables a partir de ésta. El colectivo obtiene, a partir de esa producción cultural, una serie de elementos cuya naturaleza está a mitad de camino de una creación estética y un acto elaborador conjunto. Otro hecho destacado que se observa en este fenómeno es que, si bien tiene creadores reales y objetivos, y muchas veces sus autores son artistas plásticos de reconocida trayectoria, el fenómeno global se adscribe a la sociedad en su conjunto, o al menos a una parte sustantiva de ésta, y se apropia de este fenómeno como un autor genérico y anónimo. Aquí me referiré al caso concreto de la muestra *Identidad*. Se realizó en el Centro Cultural Recoleta en 1998[97]. Estuvo

---

[97] Figura un reporte de ésta en el diario *Clarín* del 19 de noviembre de 1998.

organizada por la Asociación Abuelas de Plaza de Mayo[98] y allí se presentaban las fotos de las familias muertas por la represión de la dictadura militar de 1976-83. Debajo de las 173 fotos, había lugares sin imagen reemplazados por espejos. En éstos el espectador veía reflejado su propio rostro, lo que configuraba una doble alusión. La primera, casi obvia, podría haber dicho: "Usted pudo haber estado en este lugar", al modo de un mandato o una apelación identificatoria al que mira, quien pudo ser uno más en esa masacre. La segunda era un sutil modo de localizar a ese niño buscado, aún desaparecido de su propia identidad, que podría reconocerse en ese espejo como en una fotografía correspondiente a ese cuadro familiar. Distintos artistas que participaron de esa intervención dieron su versión de ésta. Diana Dowek comentó: "A través de esos espejos se multiplicaban las imágenes y las personas que miran. En cada espejo hay un ida y vuelta con el espectador". (Dowek, 1998)[99]. Nora Aslán agregó: "Los espejos funcionan de dos maneras. Literalmente por el parecido con sus padres, un joven que no conoce su historia podrá reencontrarse al verse reflejado. Pero los espejos funcionan metafóricamente, reflejando la imagen de los que no están, esos 30.000 desaparecidos aludidos en las fotos". (Aslán, Ibíd. 1998).

En esa imagen potencial hay una producción real donde la evocación del contorno de una ausencia produce un hecho nuevo en la mente del espectador y en el conjunto social de aquellos sobre los que opera esa intervención urbana. De este modo se conforma un conjunto no disperso de personas aunadas en un colectivo

---

[98]   Una asociación de defensa de los derechos humanos de la Argentina que centró su lucha en la búsqueda y recuperación de los hijos de desaparecidos por la dictadura militar que ejerció el poder en 1976-83.

[99]   *Clarín* del 19 -11 – 1998.

nuevo, reunido por ese efecto de producción, agrupado
por esa reflexión compartida, en esa alegoría que duplica
la reflexión visual y la reflexión política. Ese colectivo se
agrupa al aproximarse simbólicamente al drama rechazado y adjudicado defensivamente hasta ese momento
"a los otros, a los que sufrieron". El doble efecto reflexivo
entre el espejo y el espectador da un renovado carácter
actual a un hecho que era alojado en el pasado: cada
mirada es un acto de búsqueda de un niño perdido en
la usurpación de identidad. En cada espectador se reproduce esa doble incidencia en la que el espectador
busca su lugar en ese hecho en tanto el espejo busca su
carácter de retrato. Es por demás curioso que ese objeto,
que sólo es un contorno que no representa nada y sólo
refleja a quien lo mira, ofrezca un campo tan vasto de
producción simbólica. Puede discutirse si ese espacio
de producción tiene un carácter estético o ético. Hay
en juego una dimensión ética, ya que es una apelación
argumentativa al servicio de crear un reconocimiento
práctico sobre un hecho determinado. También hay un
acto estético que da una representación figurativa a una
experiencia elaboradora. Ese modo determinado de figurar
ofrece un espacio de producción simbólica para que, en
cada caso, se produzca un reconocimiento particular. El
acto estético propuesto por ese espejo refleja un vacío.
El ángulo que se ha dado al espejo para que localice esa
nada es propio de la ideología subyacente al acto creador
de quien ideó esa muestra. Lo que allí se refleja es algo
que está por producirse en la muestra misma, que, en
una suerte de *happening*, sucede cada vez que es mirada
y refleja un rostro distinto y localiza una historia personal
diferente. Ese espacio vacío tiene un valor de reflexión
en la superficie de cada espectáculo, pero en cada caso
aporta un marco para lo que aún no ha tenido lugar, ni
en la obra ni en el espectador, ni en el conjunto que se

forma; y se da un reconocimiento como multitud a lo
largo de la muestra como discurso colectivo.

En febrero de 2008, Gustavo Germano realizó una
muestra en el Centro Cultural Recoleta[100], que se enmarcó
en la conmemoración del golpe militar 1976-1983. En la
nota de la Federación Argentina de Fotografía, en su 60.o
aniversario, se da una reseña de la muestra realizada[101].
Ésta estaba constituida por pares de fotografías: la primera
correspondía a una foto original de la época en que esas
personas se habían reunido con sus amigos o familiares,
alrededor de 1975-76; la segunda correspondía a una foto
tomada en el mismo lugar, en similar actitud, con los
miembros supérstites, donde se dejaba el lugar vacío de
los ausentes, desaparecidos por obra de la dictadura. El
efecto de sentido surgía de dos fuentes diversas. En primer
lugar estaba la evocación del marco, del vacío dejado por
quien podría haber estado. Un vacío siempre doloroso,
pero particularmente desgarrador cuando se veía en la foto
original; por ejemplo, a los niños de la familia Amestoy,
cuya vida inocente fue tomada sin ninguna consideración.
El segundo efecto provenía de la evidencia del paso del
tiempo, en la figura de los miembros vivos presentes en
la segunda foto.

Esa transformación producida por los treinta años
transcurridos tiene un elocuente significado: da un marco
real y vital a un número anónimo. Gustavo Germano dice
de eso: "La muestra Ausencias despierta la conciencia de
esa brutalidad, haciéndola visible, en el ámbito de lo más
preciado, lo cotidiano, lo pequeño, lo propio". Enmarca,
en una historia potencial, la que pudo ser vivida, dentro
de sus compañías más probables, en esas personas cuya

---

[100] http://weblogs.larazon.com.ar /fototeca/ archives /2008/01/
       desaparecidos-hombres-y-mujeres-con.html
[101] www.faf-fotografia.com.ar/080229_ausencias.html

madurez o vejez da testimonio de lo que nos pasó a todos, haber podido vivir nuestra vida. El vacío constituido por ese marco tiene un carácter de aureola historiada que, de otro modo, se pierde y se inventa un argumento vital hasta ese momento inexistente: poder saltar de nuevo con aquel que no está, tomar ese mate, reír de nuevo de esa manera, posar ante quien les sacó la foto, reunirse, en fin, estar... con ellos. Lo hace visible en el preciso lugar personal en el que podría haber ocurrido y ahora es rememorado. Germano encuentra un marco aureola nuevo en los que fueron y pudieron ser los seres queridos de esas historias truncas. No legitima, sólo denuncia y obliga al espectador a sumarse, a adoptar un partido por esos hechos ante la sobria constatación de esas ausencias. "Se dice fácil 30.000, pero hasta que no se ven catorce caras no se toma dimensión de la tragedia", agregó G. Germano en la misma entrevista.

De nuevo encontramos la tensión entre la magnitud innúmera de los 30.000 y el caso por caso de cada cara, de esas catorce caras que tienen autoría y rompen con el anonimato de la catástrofe que, en su magnitud, escamotea al caso particular con el que se puede establecer un lazo libidinal, tanto para dar testimonio, como para recordarlo, identificarse con él o elaborarlo en un relato.

DRAMA

Si la copia intenta figurar exactamente la experiencia perceptiva y representar lo visible, la interpretación sobreimprime su propia versión y deforma lo visible en tanto agrega un factor extraño invisible a la percepción y su ulterior representación. O bien, si se plantea de un modo más radical, la interpretación deshace la representación como copia figurativa para mostrar una presencia más convincente que una simple semejanza. Deleuze (1981)[102] recuerda los viejos catecismos para señalar que se puede sostener la imagen de algo sin que eso implique una semejanza: "Dios ha creado al hombre a su imagen y semejanza, y a través del pecado ha conservado la imagen, pero ha perdido la semejanza". (Ibíd.: 101). La imagen interpretativa del "hombre pecador" representa una relación simbólica que trasciende la semejanza de la copia y establece una relación judicativa, sosteniendo la diferencia. La idea deleuziana de imagen trasciende la visión perceptiva e incluye elementos proyectados por el intérprete. Es tema de debate si esos elementos proyectivos son perceptivos. Si bien se "ven" en la imagen, su naturaleza puede ser invisible y ejercer su influencia en la imagen desde la eficacia de la interpretación. Aunque copia e interpretación

---

[102]   Deleuze, G. *Pintura*. Clase del 28 de abril de 1981. Cactus, Bs. As., 2007. Allí sostiene que convendría distinguir entre las *representaciones* que buscan una semejanza y los *íconos* que muestran una presencia de la imagen, ilustrando un vínculo simbólico (Ibíd.:101 y siguientes).

compartan un campo similar de eficacia, sus respectivas naturalezas difieren; la interpretación aporta un elemento invisible que es originario de otra fuente y resulta perceptivo en la imagen a través de su proyección. Finalmente, en un paso más allá, si la experiencia exige vivir lo invisible sin que el sujeto pueda comprenderlo ni representarlo, su resultado trasciende tanto las respuestas de la copia como de la interpretación y desencadena una catástrofe. La catástrofe marca tanto el límite entre la comprensión y la vivencia como su íntima interrelación. La comprensión requiere del sujeto un compromiso vital; de otro modo sólo se trata de un ingreso neutro de información sin correlato emocional; la tarea del vivir requiere comprender, de otro modo se cae en la perplejidad traumática. El siguiente fragmento de L. Arfuch (2008)[103] puede servir de ilustración: "Lo impensable –el atentado– sobrevino un lunes como tantos y el estallido fue sentido en el cuerpo, en una proximidad urbana que desdice el límite de los barrios y hubo luego esa atracción fatal de la imagen televisiva, cámara fija de una eternidad cuyo detalle no atenuaba la estupefacción". (Ibíd.: 16). Esa breve referencia de un conjunto complejo de vivencias privilegia por igual la estupefacción sorprendida ante el estallido de lo impensado y la perplejidad ante algo que resultó impensable en esa próxima experiencia que no puede ser eludida, pues los límites fueron avasallados. Ya no se trata de algo que les ocurre a los ajenos, como ocurre en el espejismo del *show business* del noticiero; surge un *nosotros* implicado sin excusas (Rorty, 1991: 214)[104]. El hecho ingresó brutalmente en la intimidad próxima y destrozó las vallas protectoras. El inesperado resultado impone una vivencia impensable

[103] Arfuch, L. "Memorias de la calle Pasteur", en *Crítica cultural, entre política y poética*, FCE, Bs. As., 2008. Este ejemplo será desarrollado con mayor extensión en el capítulo "Materiales personales".
[104] Rorty, R. *Contingencia, ironía y solidaridad*. Paidós, Barcelona, 1991.

en la que hay un momento –instantáneo o permanente– de impotencia para comprender. El problema a resolver es que un "lunes como tantos" deja de serlo e impone una verdad de "nosotros" que estaba fuera de toda expectativa, expulsada en los ajenos "marginados" de nuestra vida por obra de la desmentida. Esa brusca caída de la valla defensiva, junto a ese retorno impensado de nuestra condición, nos pone en un aprieto. Curiosamente, igual que en otros tropiezos, la primera reacción del sujeto es recomponer su autoimagen. En un primer momento, cuenta Arfuch, resultó difícil decidir quiénes eran los implicados: "¿Israelitas, israelíes, hebreos, judíos...? ¿Ellos..., nosotros..., todos?". (Ibíd.: 20). Para ello hace falta recuperar ligaduras entre lo propio y lo aún ajeno, entre lo próximo y lo expulsado, entre lo aceptado y lo que se ha mantenido desmentido toda una vida. Esa red de asociaciones es colectiva, pero tiene un rincón individual irrenunciable, pues es en la intimidad de lo propio de cada sujeto que se entrama la clave del sentido personal que evita una nueva desmentida. Benjamin señala que el drama (*Trauerspiel*)[105] juega un rol central en ese trabajo de urdimbre, tanto por su potencia de representación como por el trabajo de duelo con el que se asocia. La pasiva impotencia del héroe ante su destino trágico –propias de la decisión trágica o de la catástrofe– se trastoca, en el drama, en una hipérbole cuyas ramas divergen en sentidos diferentes: una se aleja hacia el infinito y la otra se constituye en el "limitado espacio de una existencia terrenal". (Ibíd.: 137). El tiempo del drama ofrece un cambio en la posición del sujeto: desde su pasiva impotencia como héroe ante su destino inmortal marcado por la tragedia hacia la activa repetición de su destino en el drama, en la que el sujeto lo recrea y establece

---

[105]   Nota: *drama* traduce el vocablo alemán *Trauerspiel,* una palabra que incluye a *Trauer* (aflicción, luto*) y a Spiel* (juego*),* dos términos que tendrán un importante papel en la discusión que sigue.

relaciones entre él y sus sucesivas escenas y personajes. "La repetición es precisamente aquello en lo que se basa la ley del drama... sus acontecimientos son esquemas, imágenes alegóricas reflejadas en otro juego en el que la muerte desaparece... el drama es una forma intermedia... ni individual ni (mítica). Su universalidad no es mítica sino espectral". (Ibíd.: 137). Los esquemas corresponden al elemento de juego (*Spiel*) que habita en el drama; sostienen una matriz formal en la que se transforma en múltiples variantes y en la que los personajes alternan papeles y trastocan posiciones pasivas en activas. Esa movilidad lúdica del esquema del drama ofrece un haz de experiencias que permiten al sujeto apropiarse de la situación catastrófica y salir de su perplejidad, dando sentido al caos, abrochándolo *en y con* sus registros personales previos. El drama ofrece un juego virtual –Benjamin dirá "especular"–, donde la catástrofe encuentra una representación. Esa condición lúdica se articula con la aflicción, una de las consecuencias de la relación de la naturaleza con el lenguaje. Benjamin culmina en la frase siguiente, en la que expresa el rol del duelo en la apropiación de lo natural en el juego del lenguaje: "La naturaleza se encuentra traicionada en el lenguaje y esa inconcebible tribulación del sentimiento se convierte en luto (*Trauer*)". (Ibíd.: 140).

La condición de ligadura de la catástrofe con lo simbólico es el caso extremo del fenómeno cotidiano del comprender. La ligazón de la razón con lo propio de la persona exige que una mutua eficacia implique la simultánea tarea de encontrar razón en los hechos de la vida y de investirlos para darles un sentido. No hay comprensión por fuera del sentido ni un sentido sin la correspondiente exigencia de apropiación personal, ese acto singular que marca a fuego qué es la experiencia para cada uno. En la catástrofe naufragan por igual la razón y lo propio de la persona, y dan por ruinoso resultado tanto la incomprensión de los hechos como la perpleja impotencia de asumirse como sujeto. En la catástrofe fallan la definición y la significación, pero es más dolorosa la falla de la manifestación del sujeto, que no sabe quién ha sido en ella.

No hay una salida natural de la catástrofe. La copia ofrece una salida posible a través de la oferta de vivencias, donde una pura superficialidad sensorial emparcha la falta de comprensión de lo vivido y su consiguiente carencia de representación. La copia de objetos sensoriales es una respuesta usual a una vivencia catastrófica y se manifiesta en las conductas adictivas y en los polimorfismos sexuales. En la copia, la defensa reinstala la desmentida y apela a una suerte de subterfugio. En las vivencias marcadas por la copia, el sujeto virtualmente desaparece, embriagado por el juego sensorial que le ofrece el fetiche y acunado por su pertenencia a una cohorte que le da un saber pleno de los hechos, *un saber que no hace falta*[106]. No hace falta porque en su improbable uso sólo sirve para matar el tiempo y no hace falta porque oblitera toda falta en el sujeto. Sin embargo, hay una razón más fuerte. La adicción muestra una doble y recursiva estrategia: por un lado se ataca la emoción a través del descuido a una víctima inocente; ella es el soporte de la emoción y, en ella, en su cuerpo y en su destino, se condensa la odiada emoción que amenaza doler. El ataque a la víctima inocente se acompaña del recurso a una estrategia exaltada que endiosa la sublime idealización de un fetiche tan accesible como anónimo. Con éste todo es posible en el plano de una experiencia simulada. Se simula el amor, el sexo y las emociones en la *performance* que supuestamente supera el rango de la experiencia promedio. Su proselitismo se ufana de lograr más y mejores sensaciones, éxtasis insuperables y objetos extraordinarios, con el único expediente de una simple

---

[106]   Chama, M. Comunicación personal.

maniobra: una droga, un teléfono, una tarjeta, un *ticket to ride* dentro de un mundo accesible e ideal. El subterfugio de la maniobra defensiva estriba en que, como en cualquier buen cuento del tío, los objetos se cambian, los escenarios adquieren el carácter de una tramoya y las escenas se maquillan para producir la luz y acción de una escena ilusoriamente parecida a lo real, si no mejor y más lograda: "¡Aquí está el éxito, aquí se distribuye la felicidad, pase y compre!" (con tamañas propagandas quién no se tienta). Lo curioso es que la maniobra adicta reproduce, en la probeta de su defensa, el escenario originario de la catástrofe: un actor omnímodo destruye a la víctima sin el menor reparo por su condición humana, inmerso en la exaltada convicción de que, con ese holocausto, se resuelve su acceso a un mundo mejor. Detrás de la masacre está el sacrificio del cordero, la condensación en el chivo expiatorio de la causa que obstaculiza el acceso a la divinidad. Para que el poder se efectivice requiere que el *Agnus Dei*, el esclavo, el marginal, el extranjero, el hijo inocente sea sacrificado y se haga cargo de su inmolada carga de emoción dolorosa y de su catastrófica vivencia de sinsentido inhumano. La sublime experiencia de poder del superhombre deja un resto de basura animal, que recala en el sujeto infrahumano. El halcón destruye al ruiseñor para reasegurar que su poder es consistente, por la vía de demostrar que éste es superior al arte del cantor: "Desventurado, ¿de qué te sirven tus gemidos? Te hallas en poder de uno más fuerte que tú y me seguirás adonde quiera llevarte. De mí depende comerte o dejarte". (Hesíodo, *Teogonía, Erga, 202*, citado por Jaeger, W.,1933: 76)[107]. La proyección del resto inhumano

---

[107]   Hesíodo (circa s. VII a. C.), *Teogonía. Trabajos y días, Erga, 202, Escudo. Certamen*. Buenos Aires: Editorial Losada, 2007. Cf. Toohey, P., *Epic Lessons. An Introduction to Ancient Didactic Poetry*, London, 1996:26-29 y Jaeger, W. *Paideia*, CFE, Buenos Aires, 1993:76.

en la víctima inocente da forma a una suerte de Eco que
siempre acompaña a Narciso, sosteniendo con su mirada
vacía el sublime encumbramiento de su imagen idealizada.
El poder se da a sí mismo una imagen de consistencia al
recibir el reconocimiento de la víctima, que se doblega
ante él siguiendo un extraño acto de disciplina. La víctima
inocente encuentra la destrucción de su propia condición
humana al cargar con el detrito del amo. Ese detrito no
es otra cosa que la articulación del amo en dependencias
emocionales con otros humanos que podrían haber hecho
de él un ser humano con deseos sostenidos en otros deseos
humanos. La liberación omnipotente de esa dependencia
emocional lleva al amo y a la víctima inocente a una metamorfosis de los motivos que implican una mutua catástrofe
emocional. El amo queda preso de su soberbia exaltación,
y la víctima queda aplastada en la sombra que persigue al
amo adicto con sus emociones maltratadas al modo de una
moderna Erinia culposa. El poder del amo es un poder real
que se ejerce sobre la víctima, pero es un poder ilusorio
sobre el objetivo final de esa maniobra; pues el amo no
es amo de su emoción ya destruida y sólo es amo de su
vivencia sensorial, mera copia bastarda y desplazada de la
emoción que reemplaza. El perverso y el adicto persiguen
obtener un poder sobre actos disciplinarios que simulan
ser emociones, aunque en verdad han huido de ellas por
el dolor que éstas implican. Aquí es posible imaginar una
de las razones del así llamado *Mal*; no se trataría de una
razón instintiva ni pulsional, sino de un ataque a la propia
emoción del perpetrador –individual o colectivo–, quien
busca destruir, en la víctima inocente, la emoción dolorosa
que le despierta su propia condición humana. Al modo
de ese primer sacrificio mítico, se debe matar al hijo para
agasajar la vanidad sublime de quien todo lo sabe de la vida
y, si este hijo es salvado, se debe matar al chivo rural que lo
reemplaza. Reemplazar el dolor de la condición humana

por la negociación de un sacrificio con quien garantiza un saber de la vida y una vía regia al éxito produce una metamorfosis de la impotencia emocional ante el dolor. Esta metamorfosis consiste en transformar la impotencia ante el dolor en un sometimiento ritual o sacrificial hacia un príncipe de los cielos o de las tinieblas.

La respuesta interpretativa requiere que una experiencia nueva aporte algunas condiciones. Necesita tender un puente entre la vivencia catastrófica y lo simbólico. Si ese puente los liga, se produce la recuperación simbólica de la catástrofe y se dan dos pasos: primero, se da lugar a la catástrofe impensable como un hecho invisible y segundo, el régimen simbólico interpreta y deforma lo visible, incluyendo lo catastrófico invisible en su visión. La deformación puede ser intensa y producir una crisis vital adonde caen los modos previos de comprender la vida de una persona.

La triple remisión entre las tres vivencias –copia, interpretación y catástrofe– da alguna pista sobre los obstáculos que surgen en el tránsito entre la copia y la interpretación, pues ese pasaje impone algún contacto con la vivencia catastrófica. La adhesión defensiva a las vivencias sensoriales evita el dolor que inevitablemente se sufre cuando se decide experimentar ser un sujeto singular. El acceso a la singularidad subjetiva toca un punto catastrófico en tanto el movimiento de libertad que ésta exige rompe con la tranquilidad de lo sabido. Las crisis vitales que implican a un sujeto en su singularidad son un ejemplo de estas dificultades. De allí que en esos casos sea usual la coexistencia de los efectos de copia, de interpretación junto a experiencias catastróficas; piénsese, por ejemplo, en una turbulencia adolescente donde los efectos de copia rebelde acompañan a genuinos momentos de subversión de un modo de pensar y se ven mechados por momentos de severa perplejidad caótica en los que el adolescente no comprende qué es de él ni de su mundo.

La interpretación

"Un hombre concibió el desmesurado proyecto
de cifrar el universo
en un libro y con ímpetu infinito
erigió en alto el arduo manuscrito
y limó y declamó el último verso.
Gracias iba a rendir a la fortuna
cuando al alzar los ojos vio
un bruñido disco en el aire
y comprendió, aturdido,
que se había olvidado de la luna".

J. L. Borges

Una creencia del Machu Pichu sostiene que la montaña no deja tocar cualquier música en su cima. Cuando "ella no aprueba esa música, lo hace saber desencadenando una tormenta torrencial o con un accidente de algún asistente". Esa lógica del predicado, frecuente en el pensar animista, atribuye sentimientos y acciones a una montaña con una voluntad sobrenatural. La interpretación forma parte del acto de comprender un hecho y de darle un significado personal. Ésta omite y exagera datos e inventa hechos inexistentes.

¿Qué se ve y qué no se ve al mirar? Arasse divirtió a sus lectores al describir las trampas e ilusiones que produce el acto de contemplar (Arasse, 2000)[108]. Se regocijaba con la ingenua pretensión popular de ver a la *Madeleine*[109] rubia y

---

[108]   Arasse, D. *On n'y voit rien*. Op. Cit.
[109]   Se trata de *María Magdalena*.

jugaba con el color de su vello y de sus cabellos. Encontraba
en ese contrapunto toda una gama de conflictos, prejuicios
y esperanzas que forman o interfieren el sencillo acto de
mirar. ¿Se ve lo que se muestra en el lienzo o se busca lo que
alguien dijo que está allí? La *Venus dormida de Dresde* del
Giorgione (1508)[110], la *Venus de Urbino* de Tiziano (1538)[111] y
la *Olimpia* de Manet (1863)[112] ilustran la misma cuestión. Tras
el inocente cambio de contexto –un espacio natural que muta
en un lecho–, se insinúa un profundo cambio del carácter de
esas mujeres desnudas. Dejan de ser diosas en un espacio
natural y pasan a ser prostitutas que se ofrecen en su lecho o
al menos parecen una simple *pin-up*[113].

Cabello o vello pubiano y diosa o mujer prostituta son
polos que, al unirse, se implican y rompen una síntesis imposible. El entredicho entre la diosa y la impura produce un
choque ambiguo y genera un sentido al romper la diplopía
que escindió dos visiones irreconciliables. Valery exclamó al
ver la pintura de Manet: "*Olimpia* choca, despierta un horror
sagrado". Despierta la misma reunión entre lo sagrado y el
horror el *San Juan Bautista* de Leonardo[114], cuya santidad
contrasta con su imagen andrógina. Ese entre dos chocante
genera un efecto y abre una tensión conflictiva.

En esas dificultades de la mirada no vemos las tretas
de una dama para mostrarse rubia ni se trata de una teoría
ingenua que intenta mostrarla rubia cuando era morena. No
se trata de esconder lo crudo o evitar lo obsceno. No se vela
lo desnudo para producir una seducida curiosidad. No es
una prestidigitación que genera un *trompe l'œil*. Nada de eso
ocurre, entonces, ¿qué fuerza lleva a evitar ver aquello que

---

[110]   Giorgione, (1508-10), *La Venus dormida*, Gemäldegalerie, Dresde.
[111]   Tiziano.(1538), *La Venus de Urbino*, Gallería degli Uffizi, Florencia.
[112]   Manet, E. (1863), *Olympia*, Musée d'Orsay, París.
[113]   Pin-up describe la imagen de una mujer provocativa con una actitud
        seductora o sexual.
[114]   Leonardo da Vinci (1513-1515), *San Juan Bautista*, Louvre. París.

está presente en los hechos, que se muestra tan sencillamente a los ojos y al que bastaría prestarle atención para que revele su lado oculto? Si la realidad no esconde, si el artista en su representación no evita mostrar lo que muestra, ¿qué oscura fuerza lleva al espectador a la ceguera? Mirar no es un acto neutro y en él un saber define, clasifica y distribuye clichés.

El mirar se comporta con la lógica del guardián de cementerio que adjudica cada imagen a cada cosa y una sola cosa para cada imagen, "Chaque peintre à sa place et une place pour chaque peintre. Un savoir de gardien de cimetière". (Arasse, Ibíd.: 59). En el mirar práctico habitual, mirar es saber mirar. Un saber que está ciego ante lo obvio y que desestima lo que *no se sabe* que está allí. *La carta robada* (Poe)[115] jugó con la ceguera policial por una carta escondida en el lugar más obvio, sencillamente depositada sobre el escritorio. Para ver hace falta algo más que mirar; se deben interpretar los hechos y se debe introducir un acto subjetivo.

La mirada resulta una apropiación subjetiva; sus funciones narrativas introducen un significado original y asimilan lo visto en una versión a veces ciega y a veces alucinada: no ve lo que se ve o cree ver lo que no se ve. Los actos de subjetivación y representación se implican entre sí, más allá de que cada uno desarrolle su tarea. Así J. L. Borges ilustra el fallido intento del hombre que, al pretender cifrar el universo, cae en la cuenta de que se olvidó de la luna. Su lector Foucault (1966)[116] advierte la misma desmesura cuando lo cita en su inefable clasificación de los animales[117]. Borges y Foucault

---

[115]   Poe, E. A. *Cuentos. La carta robada.*Versión de J. Cortázar, Alianza editorial, Bs. As., 1998.
[116]   Foucault, M. 1966. *Les mots et les choses,* Gallimard, París. *Las palabras y las cosas,* Siglo XXI, México, 1968.
[117]   Borges, JL (1960) "El idioma analítico de John Wilkins" en *Otras inquisiciones,* Emecé Bs. As., 1994. Cita: "Franz Kuhn atribuye a una cierta enciclopedia china *Emporio celestial de conocimientos benévolos.* En sus remotas páginas está escrito que los animales se dividen en a) pertenecientes al Emperador, b) embalsamados, c) amaestrados, d)

jocosamente dicen que, en todo criterio clasificatorio, se oculta un imposible. El guardián del cementerio falla y no hay un modo de dar cuenta cabal de lo real.

La ironía borgeana es lo suficientemente insólita para mostrar que toda clasificación es al menos tan arbitraria como ésa. Ningún discurso refleja lo real y no hay un saber natural o necesario. Al contrario, su distorsión indica el arbitrio humano y su necesidad de constituirse como sujeto. Foucault ve la clave del artificio en el *intersticio en blanco* que separa los términos de la serie. "Lo que viola la imaginación, cualquier pensamiento posible, es la serie alfabética que los liga (a, b, c...)"[118]. O, si se quiere, el artificio de pensar los hechos con el mismo criterio del guardián, para quien hay una sola tumba para cada muerto. Un criterio que elude al casillero vacío y sus efectos de sentido.

Se cuestiona el supuesto de la expresión adecuada de lo real. El registro difiere de la impronta[119], y no hay un orden natural entre la realidad y su representación. Se destituye la naturalidad de la razón y la autoridad neutra del intelectual. El legislador que afirma su autoridad sobre lo que se sabe de un hecho sólo puede ser un traductor o intérprete de sus versiones. La traducción se instala como la apropiación usual de las realidades de la vida, con sus inevitables "pérdidas y ganancias"[120]; ocurra ésta entre lo real y su registro o entre

---

lechones, e) sirenas, f) fabulosos, g) perros sueltos, h) incluidos en esta clasificación, i) que se agitan como locos, j) innumerables, k) dibujados con un pincel finísimo de pelo de camello, l) etcétera, m) que acaban de romper el jarrón, n) de lejos parecen moscas" (166). Concluye: "No hay clasificación del universo que no sea arbitraria y conjetural". (167)

[118]   Ibíd.:1-2.

[119]   La impronta remite a la metáfora del anillo en el trozo de cera, idea que fue atribuida a Sócrates en el *Teeteto*. Cf. Platón *Teeteto, o sobre la ciencia*. Madrid, 1990:163 y ff.

[120]   Este segundo tema, ahora ubicado en la relación entre la realidad y el recuerdo de ésta, sitúa la cuestión en el orden del error del reconocimiento entre la representación y la cosa evocada o reconocida por ésta.

registros diferentes entre sí (Bauman, 1995)[121]. *La interpretación consiste en traducir hechos o versiones dentro de la
propia tradición discursiva personal*; y toda traducción, aun
al intentar ser una reflexión fiel de lo traducido, introduce
una dislocación. (Ibíd.: 14).

Eco da una ilustración elocuente (2005)[122]; él señala que
el mito de la Tierra plana en verdad esconde al menos dos
distorsiones. En primer lugar, los griegos conocían la redondez de la Tierra, y Eratóstenes calculó con precisión el radio
terrestre, basado en sus observaciones de la sombra en el
cenit. La imposición dogmática de la Iglesia medieval exigió
una versión de la tierra como un disco con centro en Jerusalén.
En la antigüedad el problema no era la redondez de la Tierra,
sino que se pensó que estaba quieta. Más allá del imperativo
religioso que centró nada menos que en Jerusalén el centro
del universo, encontramos la clave del planteo en *la necesidad
rutinaria del observador de pensar que su punto de vista es
el referente fijo de un campo que se mueve*. Esa necesidad es
interpretativa y de hecho hizo falta que hubiera las conocidas
conmociones de la ciencia para que hoy pensemos diferente. Primero fue Copérnico y su teoría heliocéntrica y luego
Einstein y su teoría de la relatividad los que dieron un vuelco
sobre la fijeza del punto de la mirada y mostraron hasta qué
punto ésta era relativa y excéntrica.

La interpretación recorta un universo en una constelación. Ésta es una selección junto al criterio con el que se
selecciona. Le agrega a los hechos el ángulo de perspectiva
desde donde los mira. Esta doble fuente de la interpretación
hace que responda a la estructura de una frase. Hay al menos
dos significantes que juegan entre sí, que se suman o restan,
que se suceden o se trasportan, que resuenan y producen.

---

[121]   Bauman, Z. (1995). *Legisladores e intérpretes*, Universidad de Quilmes, 1997.
[122]   Eco, U. "Las razones de un equívoco", *El mundo. Cultura*, 11 de marzo
de 2005, N.º 5569.

Hay un juego de fondo y figura, de contorno y contexto, de interior y exterior que oscila o fija una versión. En la interpretación se producen dos efectos que remiten uno al otro en una espiral: el efecto de sentido y la manifestación de un sujeto. En esa espiral un significado sucede a otro, una definición se reconfigura y una manifestación subjetiva surge en cada vuelta de la interpretación, sobre los hechos que interpreta y sobre sí misma.

Los restos de la interpretación pueden ser recogidos por nuevas interpretaciones en una semiosis social interminable (Verón, 1993)[123]. La interpretación fija en cada paso de su espiral un producto fijo, pero éste queda expuesto al intercambio semiótico y es el punto de partida de un nuevo movimiento. Cada paso requiere la oferta de una frase que le dé significado y permita ingresar a la vivencia sin significado en una trama personal y permita su circulación discursiva. En cada paso emerge un autor, que surgirá como efecto de esa articulación subjetiva y sólo luego será reconocido en su existencia.

Hay allí dos fenómenos simultáneos: a) un yo es reconocido y recibe el efecto narcisista de su pertenencia a una identidad y a un ideal del yo que le darán uniforme, emblemas y consistencia; b) la articulación de algo sin significado en una frase y en una trama histórica y personal. Esa tarea forma parte del trabajo asociativo entre lo propio de una persona y las vivencias sin significado que le resultan traumáticas. A diferencia de la copia que se amolda al modelo, esta articulación es necesariamente personalizada; se arma sobre el eje original y personal de cada persona y de cada comunidad; tiene en cuenta sus tradiciones de memoria y de identidad, y se urde sobre éstas. Nada se copia ni se imita. El efecto de sentido es apropiado en una tarea estocástica elaboradora, en el encuentro de un sujeto con una emergencia. Bateson

---

[123]   Verón, E. *La semiosis social, fragmentos de una teoría de la discursividad*, Gedisa,1993.

(1972)[124] estudió en detalle estos fenómenos estocásticos que se inician con el azar de un hallazgo, de un descubrimiento o de una combinatoria significante; y que luego, en un segundo momento, son apropiados a partir de una tarea asociativa que los asume como algo propio y personal.

En ese momento se produce un sujeto junto al efecto de sentido. Ese sujeto puede ser o no el autor material de los hechos. Al estudiar el siluetazo, vimos que los autores de las siluetas fueron artistas concretos que incluso quisieron, en un momento dado, inscribir su nombre junto a su obra. Sin embargo, en ese acontecimiento surgió un sujeto anónimo, incluso heterogéneo, que agrupaba a los militantes vivos a los que estaban recordando y a los desaparecidos que ya no estaban, a los que habían muerto y a los que se estaba y aún se está buscando. El sujeto emerge y el autor asume. Cada uno de esos autores-artistas que dibujaron las siluetas, cada uno de esos autores-espectadores que participaron de la marcha asumió ese sujeto.

De un modo similar puede pensarse la exhibición del cuadro de J. M. Blanes, *Un episodio de la fiebre amarilla*, en 1872, tal como lo refiere Malosetti-Costa (2001)[125]. El artista uruguayo fue el autor del cuadro, pero el sujeto surgió en la multitud doliente que se apropió del cuadro para representar en éste su tragedia. Los personajes de los médicos, el joven que los llamó al conventillo y el drama de la familia son puntos de identificación para las vivencias sufridas por el pueblo de Buenos Aires. Sin embargo, es el marco del cuadro el que da cabida a lo que no cabe en ninguna de esos puntos de reparo y ofrece un lugar para lo indecible. Autor y sujeto pueden diferenciarse. En este caso el autor pinta y se presta para que en su obra surja un sujeto: en su inspiración, desde

---

[124]   Bateson, G. *Steps to an ecology of mind*, Ballantine Books, N Y., 1972.
[125]   Malosetti-Costa, L. Los *primeros modernos*, Arte y sociedad en Bs. As. a fines del siglo xix., Bs. As., FCE, 2001.

su obra o desde el espectador que, al mirar, crea una escena personal. El sujeto luego pugna por ser asumido como propio por cada uno que acepta o resiste esa apuesta. El sí-mismo es un-otro que exige ser un sí-mismo (Ricoeur, 2003)[126]. La cuestión del anonimato es un fenómeno a estudiar en el campo del sujeto. Los autores pueden ser anónimos, pero lo serán por razones de olvido o por la pérdida de su rastro. Lo que aquí llama la atención es que enfrentamos un hecho que, teniendo autores conocidos, es apropiado como la obra de un sujeto anónimo. La primera razón que se esgrime es de índole ética: dar nombres es resaltar identidades por sobre la exigencia de reconocimiento de un acontecimiento generalizado con víctimas desconocidas que requieren ser reconocidas por la memoria de un pueblo. Hay en juego una cuestión de reconocimiento al perdido, al desconocido, a la víctima inocente cuyo destino no nos fue contado ni del que hemos sido testigos. Es un imperativo que mueve al silencio sobre lo sabido. En todo caso, lo sabido es expresado como un tributo que incluye al desconocido y al sabido.

La segunda cuestión, cercana a la anterior, tiene que ver con no dejar caer a nadie en la memoria. El caso por caso, el cada caso, cada uno de los casos cuenta. Ese recurrir a la unidad sabe del efecto emocional que produce la referencia al único por sobre la masa. Saber del caso único es un recurso narrativo usado para generar fuerza dramática, pues produce empatía y una proximidad emocional que la referencia a la multitud no produce. Un caso conmueve más que la idea de millones que sufren lo mismo. La identificación con el dolor del semejante tiene que sostenerse en una proporción entre los límites de la experiencia y la tolerancia al dolor. La combinación de esas dos exigencias genera un hecho extraordinario en el siluetazo: se tuvo la necesidad de producir tantas siluetas como víctimas ocurridas, en principio todas anónimas. El

---

[126]   Ricoeur, P. *Sí mismo como otro*, Siglo XXI, México, 2003.

mismo principio se observa en la obra de Skapski en la que "se debieron hacer" tantas copias como víctimas de Auschwitz. *En ambos casos la silueta es anónima y se sostiene en el cada caso. No se debe olvidar ni dejar caer a ninguno.* El soldado desconocido es otro ejemplo de reconocimiento y apelación al dolor anónimo, aunque en este caso hay una economía de recursos en la expresión del número. No hay caso por caso. Otra posibilidad se advierte en el Parque Monumento a la Memoria de la Costanera. Allí se ve la estela con los nombres sabidos junto a volúmenes vacíos y a siluetas humanas vacías. Los monumentos tienen autores conocidos –Roberto Aizemberg y Dennis Oppenheim–, pero su representación se refiere a algo anónimo. En la escultura de Aizemberg *Sin título*[127], se ve una referencia estilizada de las siluetas de los desaparecidos, con similares características de un contorno vacío. Son tres figuras con un fuerte estilo geométrico que evocan figuras humanas. El paisaje del río las enmarca, ingresa en éstas y forma con éstas un todo compositivo de gran riqueza expresiva. Están insertas en un paisaje fronterizo y, a través de estas figuras, el río cuenta su historia. La escultura de Dennis Oppenheim[128] tiene la referencia explícita en su título de un escape al horror. Esas casas abiertas con sus puertas y ventanas de par en par se abren a un espacio que se evoca como un espacio de libertad. Sin embargo, interesa señalar la insistencia del volumen vacío, ya visto como marco de la silueta y puesto aún más de manifiesto en *las cajas* expuestas en Resistencia y evocado en *la mesa vacía* de Córdoba. El volumen evoca personas que no están porque fueron forzadamente desaparecidas. Ese mismo volumen vacío se observa en la ilustración de *Figuras caminando*, de Magdalena Abakanowicz[129], que está en Vancouver. Son cuerpos vaciados, torsos y piernas sin

---

[127] http://www.parquedelamemoria.org.ar/parque/nominados/robertaiz.htm.
[128] http://www.parquedelamemoria.org.ar/parque/nominados/dennisoppen.htm
[129] http://www.parquedelamemoria.org.ar/parque/nominados/magdabak.htm

cabezas ni rostros. En tanto el muro es una suerte de estela funeraria en la que figuran los nombres de los desaparecidos, ésa es la única referencia de un reconocimiento no anónimo de todo el conjunto.

MATERIALES PERSONALES

Los siguientes materiales personales pueden contribuir a iluminar las condiciones de la elaboración. En páginas anteriores se hizo referencia a las catástrofes en sus dimensiones globales y sociales. Aunque cabe imaginar el ámbito de la manifestación individual de cada una de estas experiencias, el énfasis quedó del lado de las condiciones genéricas de la obra. No todos los materiales individuales siguientes forman parte del gran infierno de la catástrofe masiva, pero sus pequeños infiernos comparten la condición de sinsentido de cualquier vivencia catastrófica. Esta razón le da alguna legitimidad a esta inclusión heterogénea, pues se trata de mostrar la respuesta individual al sinsentido, cualquiera sea su origen. Cada uno de esos materiales ilustra algún aspecto de la intimidad personal de la elaboración del sinsentido de una catástrofe. Sólo una visión global del conjunto puede ayudar a rearmar el rompecabezas de su constelación general.

a) En la siguiente viñeta se ve la transformación de una situación traumática dentro del marco elaborador del trabajo del sueño. El acto elaborador permitió transformar una representación en el curso del soñar y procesar la experiencia dentro de la trama familiar de representaciones. Llamaré "Juan" a un soldado de la Guerra de Malvinas, que padeció una neurosis traumática al vivenciar en carne propia el bombardeo de su jeep junto a algunos compañeros, que murieron en el terrible incidente. Sus sueños traumáticos copiaban y repetían la cruda escena real sin mayores variantes reconocibles. Cuando consultó, su neurosis traumática podía calificarse como una neurosis de guerra, que cursaba como una simple repetición de la escena patógena. En el curso de la psicoterapia instituida, dos hechos marcaron un punto de viraje. En primer lugar, Juan comenzó a tener violentas y frecuentes peleas con su padre; en segundo lugar, advirtió un cambio en la fisonomía de su sueño: el jeep se había trocado en el tractor de su padre, un trabajador rural. Tras pocas semanas de ese sueño, su neurosis traumática se alivió considerablemente y sus sueños de angustia desaparecieron (Navarro)[130].

En el marco de la escena onírica, la transformación del jeep bombardeado en el tractor de su padre reemplazó la escena de guerra por una historia familiar. Ese cambio de la figuración de la escena tuvo su correlato en las peleas con su padre. La secuencia traumática fue reemplazada por una secuencia que, aunque conflictiva y agresiva, estaba incluida en el horizonte de significaciones personales, históricas y cotidianas de Juan. La escena del sueño alojó una brecha, sólo posible en la ambigua realidad onírica, que permitía condensaciones y transposiciones de la representación, para el caso entre el jeep guerrero y el tractor familiar.

El hilván de la vivencia cruda con las experiencias cocidas se hizo a expensas de una transformación de representaciones –de jeep a tractor– y de frases –de "Sufrí pasivamente un bombardeo" a "Discutí activamente con papá en su, por su... tractor". El cambio de la frase incluye varias operaciones simultáneas. La metáfora del jeep a tractor trasladó el jeep ajeno al mundo semántico familiar de Juan. Así ingresó al terreno significativo de lo propio de Juan, cuyo significante inicial es el tractor paterno. Además, podemos advertir la permutación de la posición pasiva en

---

[130]   Navarro, J. B. Comunicación personal.

una posición activa, en la que el sujeto pasa de la experiencia de ser objeto de la acción de otro a ser el agente de una acción decidida. Ya no es bombardeado: ahora se pelea con su padre. El autor se incluyó y se hizo cargo de lo vivido en el bombardeo una vez que esto fue transformado en una parte de sus rutinas consuetudinarias. Al igual que en el mundo de Truman, lo ajeno se tornó una parte significativa y corriente. El proceso de hospitalidad exigió una transformación de la escena que, si bien mantiene invariantes en la repetición, las ha trasformado de tal modo que ahora son locales, ciudadanas del mundo de Juan. El alojamiento no se hace sin el cobro de un cierto derecho de admisión.

b) En páginas anteriores cité el ejemplo literario de L. Arfuch. Es un texto que describe su reacción personal ante la masacre debida a la bomba terrorista al edificio de la AMIA en la calle Pasteur. El primer elemento que propone esa viñeta es la apropiación del hecho inicialmente ajeno –*el atentado contra los israelíes, los judíos, los del Once, etc.*, que se tornó un hecho propio de un nosotros implicado–, *nos sucedió a todos*. La vuelta de tuerca en la relación del hecho con un *todos nosotros* genérico sólo se sostiene en la intimidad de la elaboración de cada uno. Allí sucede una transformación del otro ajeno en lo que nos es propio. Lo que es visto como otro ingresa en el régimen narcisista personal y a partir de ahí *nos implica*. De otro modo, sería algo indiferente para *nosotros*. *Nosotros* es generalmente *todos*. *Todos* surge de *nosotros* y suma a una multitud ambigua e indeterminada, donde nadie falta ni debe faltar.

Además nos brinda una pista sobre el valor del vacío: "Fue justamente ese vacío, todavía humeante, imagen fija del desastre... la que me produjo una asociación caprichosa quizá, pero no del todo infundada: el recuerdo súbito de la tapa de un libro de Tzvetan Todorov que había incluido en un curso reciente y que aún estaba apilado en mi mesa de trabajo... en la tapa... una vieja fotografía de Tadeusz

Bukowski tomada en octubre de 1944 muestra la calle Piwna
de Varsovia...". (Ibíd.: 18). La tapa de un libro y la foto de la
calle Piwna dieron esta vez el marco a la transformación
y brindaron los elementos significantes para establecer el
hilván del caos con la trama simbólica. Ella muestra cómo
se trama el sinsentido del caos en la red propia de imágenes
y de libros de trabajo que sostienen su comprensión de la
vida. Arfuch da sentido a lo irrepresentable usando una
metáfora. Toma la ruina de la calle Piwna de Varsovia para
comprender la masacre de Pasteur aún irrepresentable. Las
calles Piwna y Pasteur se enlazan en una trama de invisibles hilos de asociación, apenas entrevistos por nosotros
lectores, pero plenos de sentido para ella. La calle Piwna
no sólo sirve de referencia para la calle Pasteur, en el sentido de que una calle explica otra calle. La calle Piwna se
eleva al carácter de metáfora al perder su sentido original
de una calle devastada de Varsovia; en su traslado llega a
ser el símbolo de la ruina genérica que puede arrasarnos,
a cada uno y a todos. La asociación entre las calles Piwna
y Pasteur es similar a la asociación entre el jeep y el tractor.
En este último caso, la articulación de esa conexión con las
peleas familiares da una luz mayor al trasfondo emocional
que liga el episodio catastrófico con la red de representaciones propias. No es sólo una liga semántica, al modo de
una explicación de diccionario. Allí lo propio del sujeto, a
través de asociaciones significativas, pone en sentido propio
aquello que quedó fuera de la corriente de significaciones
singulares. La calle Pasteur requirió "parecerse" a una calle
de Varsovia y el jeep volverse tractor familiar para que se
gane en ambas oportunidades el entramado propio que
los volvió significativos. En ese pasaje tanto el jeep como
la calle Pasteur deben perder cierta especificidad y ganar
un carácter genérico, tan genérico como la calle Piwna y un
tractor. Esa condición genérica hace de Pasteur y del jeep
algo que trasciende lo que fueron en ese caso, y los vuelve

un caso ejemplar, genérico y neutro para un *nosotros* tan genérico y neutro como para ser aceptado por nosotros. Sólo en un segundo momento Piwna retorna a Varsovia, y el tractor es el tractor familiar. Varsovia ya es nuestra Varsovia, tan nuestra como el tractor y como la calle Pasteur. Ese péndulo entre lo específico de cada caso y lo genérico tiene su paralelo entre el pasaje de lo suyo a lo mío y lo nuestro, con su vuelta desde lo nuestro a lo tuyo y lo mío y quizás también a lo suyo. En el péndulo la significatividad de los hechos corre paralela a la generalización y apropiación que se hace de ellos.

c) El siguiente material no corresponde a una masacre, pero ilustra la ansiedad de un niño desvalido. Alan era un púber de once años que atravesaba una delicada situación personal y familiar cuando sus padres estaban divorciándose. La inoportuna interrupción del análisis por un viaje del analista lo hizo revivir una experiencia donde prevalecía su aislamiento autosuficiente, reforzado por la dolorosa circunstancia familiar. Luego de la forzada separación, el niño se encontró en dificultades para hablar y permaneció callado e incómodo. Mi intervención sobre la separación y la incomodidad inicial no tuvo sus frutos, y el paciente sugirió que jugáramos a los dibujitos, cosa que ya había hecho otras veces. Él inició la secuencia sobre un garabato mío y dibujó una pequeña ardilla con las patas para arriba, sin ningún apoyo ni ninguna referencia espacial al espacio o al suelo. La ardilla estaba virtualmente flotando en el espacio inferior de la hoja. El dibujo de esa ardilla que estaba flotando parecía expresar al niño perdido que no sabía qué decir. Lo expresé "completando" el dibujo con una rama de árbol de la que la ardilla había caído y un suelo al que la ardilla se precipitaba. Mi dibujo transformó la "ardilla flotante" en "una ardilla que caía" al suelo. Ese dibujo puede ser asimilado a una interpretación verbal formulada como "Cuando tú te sientes solo y aislado, te sientes como una ardilla que flota, pero eso es un recurso imaginativo defensivo que te aleja de experimentar que estás perdiendo un sostén o un lugar que te contenga". El paciente se entusiasmó con la idea de caída aludida en mi dibujo y dibujó una flecha hacia el suelo, indicando la dirección de la caída y una ardilla muerta sobre el suelo. Ése fue su modo de decir: "La ardilla cayó y murió". Al ver su respuesta asociada con las ideas de caída y de dolor, proseguí esa idea, y dibujé una mano que entra a la escena desde el borde derecho de la hoja, para intentar evitar la caída de la ardilla. Mientras realizaba ese agregado, dije que ésa era otra posibilidad de la escena que el niño no parecía haber considerado. El paciente me miró maliciosamente, cortó la mano con un trazo y dijo: "La mano llegó muy tarde, y la ardilla ya se cayó y murió". En una nueva hoja dibujamos, de un modo algo caótico, un nido con dos pajaritos con la boca abierta. Dibujé un tercer pajarito que se asomaba al borde, con la idea de aludir a la escena del inicio. El niño vio ese pajarito y completó el dibujo. El pajarito que asomaba caía al suelo igual que la ardilla. Dibujó otro pájaro más grande que sobrevolaba el nido, defecaba, y sus excrementos iban justo a caer sobre los picos abiertos de los dos pajaritos que tenían la boca abierta mientras, riendo, dijo: "¡Qué rica comida para los pichones!". Entonces le dije que el pajarito que caía había preferido tirarse del nido antes que comer las heces que ofrecía el pájaro grande, que ésa era quizás la razón que lo había llevado a buscar arreglárselas solo, pero entonces resultó que así se caía. El niño respondió dibujando una mano que entra por el borde de la hoja y escribió: "La mano defectuosa salvadora". Le dije que quizás ahora aceptaba que mis manos defectuosas le daban una ayuda, ahora que había unido la "caca-comida" y la necesidad de irse solo cuando aún era un niño. En una nueva hoja, el paciente inició una nueva secuencia e hizo un pequeño garabato sobre el que yo dibujé un animal irreal. El niño lo miró con cuidado y lo elogió, diciendo: "Ese bicho es bastante atractivo". Sobre ese animal el niño dibujó un rabo y, sobre el rabo, una radio con dos cables que servían como unos auriculares para escucharla y que se conectaban a las orejas del "bicho". Le dije que él me mostraba distintos usos del rabo, mientras los escribía sobre la hoja: dar de comer caca haciendo creer que es comida, escuchar radio y entretener al bicho. Al final le dije que creía que ese bicho podía estar representándolo a él. Él agregó que también el rabo lo hacía reír.

La secuencia de la sesión había terminado. En ésta se desplegaron una serie de escenas con una trama compleja de componentes imaginativos. Esos relatos pueden ser utilizados en la actualidad de la sesión o posteriormente, como en este caso. Ellos nos brindan información sobre una escena muy expresiva donde pulula una confusión anal-oral como la precondición para el despliegue de su autosuficiencia masturbatoria. Esto se advierte en el despliegue de tantos pájaros, ardillas, manos y bichos. También se ve la expresión de los mecanismos maníacos y de las técnicas omnipotentes, así como su deriva y posterior transformación en reflexiones sobre su malestar. Sin embargo, aquí el énfasis que intento darle a la anécdota es diferente. En primer lugar, se puede ver que la hoja de dibujo brindó una ventana para alojar el decir no dicho de ese niño. Allí pudo expresarse a través de la ardilla, que indudablemente habló por él con sus acciones. Hoja, dibujo y personaje dieron lugar para decir lo que no pudo hacer su expresión verbal. En este caso la silueta está dada en parte por la hoja, que ofrece su marco, y en parte por la ardilla, que propone un objeto intermedio representativo. Ambos ofrecen una distancia retórica que la expresión verbal no pudo ofrecer. Esto no sólo se debió a su dificultad comunicativa puberal, sino a su falta de una genuina localización de qué era lo que le estaba pasando.

El paciente y el analista entran y salen de la escena gráfica, se implican y encartan y luego se diferencian y descartan. Juegan a ser y no ser los personajes que despliegan en el dibujo, los construyen para luego descartarse como *ello* –eso que habla en el paciente sin que él lo sepa– y *nadie* –eso que se expresa en el lugar del analista (Moguillansky, 2000)[131]–. *Ello* y *nadie* son posibles pues la escena gráfica opera como un escenario en el que los dibujos son representaciones que median y localizan aquello que resultaba difícil expresar en palabras. El dibujo brinda un marco y una pantalla de proyección que gana el valor de ser un representante del paciente y que expresa emociones propias de él, pero que, por su calidad de personaje, es también algo o alguien distinto del paciente. Esta cualidad es la clave de todo pues, por esa razón, *el dibujo, al igual que el juguete, tiene un valor de objeto intermedio* que se ubica a una distancia emocional distinta de la palabra. De ese modo contribuye a producir la necesaria operación de negación presente en la simbolización y en el pensar judicativo.

Si bien los dibujos y los juguetes tienen un valor significante como un hecho de lenguaje similar a la palabra, son objetos construidos y *la atribución animista les otorga un carácter en el que tienen vida propia*. Esa vida propia así ganada es un factor que los diferencia de quien juega con ellos. En su carácter de personajes distintos, pueden sufrir, morir y padecer pasiones que a quien juega con ellos no le sería fácil soportar. El mito de *Galatea* y *Pigmalión*, en la cultura griega arcaica, y la saga de *Pinocho* son algunas ficciones de la cultura occidental que heredan el viejo animismo del hombre primitivo. La distancia que se gana

---

[131]   Moguillansky, C (2000), "La comunicación en el dispositivo analítico", Congreso FEPAL, Gramados, 2000, inédito

con ellos es similar a la que se produce en la representación
pública entre el espectador y el personaje de la pantalla de
un cine o de una obra de teatro. Hay allí una identificación
entre espectador y personaje, entre jugador y juguete, entre
dibujante y dibujo, que establece una relación, pero a la
vez hay una distancia discriminadora que diferencia los
destinos mutuos de ambos.

Esa distancia es el resultado de un mecanismo probablemente ligado a la mirada, al oído y a los órganos
perceptores distales en general. La mirada acerca al objeto
y al yo, pero también produce el efecto opuesto: de alejar
el yo del objeto, diferenciando uno y otro, ubicando a uno
y a otro en dos ámbitos distintos y separados. Esa función
es opuesta a la introyección e inversa a la proyección. El
objeto no entra dentro del yo como en la introyección, ni
una cualidad o un objeto salen del yo hacia otro espacio
u objeto, como en la proyección. *En este caso el yo sale y se
extrae del objeto y se ubica a una distancia protegida de su
destino. Mantiene con aquél una ligazón significativa.* El espectador disfruta de la escena que se despliega en el marco
de la pantalla, pero no arriesga aquello que el personaje
enfrenta. Su disfrute transitivo mantiene una distancia que
preserva y mitiga la ansiedad. Este mecanismo puede lla-
marse *extrusión* del yo respecto del objeto, en este caso del
objeto lúdico. El yo se sale del objeto –la ardilla, el pajarito,
la mano– y es representado por éstos. La mirada aporta un
vínculo de identidad entre ambos, lo que corresponde a
lo descrito clásicamente como *identificación*, pero a la vez
define una crucial extrusión discriminadora entre ambos.

El juguete, el blanco de la hoja y el dibujo mismo
armado sobre los garabatos son vacíos para ser llenados
de significado, marcos que se ofrecen a recibir una representación y, en esa condición de objetos construidos, a
representar, en un drama lúdico, una secuencia en la que
se distribuyen guiones y personajes. Ese drama en acto le

da fuerza elaboradora al problema a resolver. Lo despliega, lo muestra y lo transforma en sus posibilidades. En cierto momento también inventa y se apropia de algo que aún no ingresó en la vida del sujeto. La secuencia de la ardilla y de los pajaritos fue útil para Alan y para mí para figurar una escena de desamparo, en la que el niño pudo expresar que estaba recibiendo un trato inadecuado que lo impulsaba a retraerse hacia un mundo flotante. Esa maniobra incluía el riesgo implícito de caer en una situación muy dolorosa. Las distintas variantes del dibujo desplegaron posibilidades. Algunas conocidas y repetidas, y otras novedosas. Los objetos intermediarios permitieron pensar y decir algo no sencillo de pensar ni de decir. Tanto Alan como yo nos adentramos en un terreno sabido a medias por ambos. Ese recurso elude un obstáculo y, al mismo tiempo, lo pone de manifiesto, y así permite que se investigue su significación aún no descifrada. La secuencia pone en claro que la transformación elaboradora acontece en el curso de un proceso paulatino en el que se dan pasos sucesivos que facilitan u obstaculizan la solución.

d) Juan consultó cuando era un púber conflictivo. Su actitud social activa y petulante contrastaba con su incapacidad práctica para jugar. En nuestro primer encuentro, abrió la caja de un rompecabezas, y ésta literalmente estalló en sus manos. Las piezas volaron por el cuarto de juegos. El accidente manifestó un canon reiterado que evocaba su incontinente tendencia a descargar en la acción. El abordaje analítico de su dificultad para encontrar un continente para sus emociones y su necesidad de expulsar activamente su dolor permitió un gradual acercamiento a una práctica lúdica. Paso a paso, él inició un juego constructivo con ladrillos de encastre. Hizo las primeras casas con torpeza. Éstas eran toscas y poco sólidas. Cuando Juan intentaba manipularlas, se rompían o se desarmaban. Él pudo comprender que esa dificultad iba más allá de su torpeza

técnica. Vinculamos esa fragilidad con su incontinencia
y con la falta de sostén de su necesidad de contacto y de
comprensión. Su familia estaba enferma; su padre estaba
particularmente perturbado y era muy violento con él y con
el resto de la familia. La incontinencia de Juan era el reflejo
de una incontinencia de toda su familia, y especialmente
de su padre. Al cabo de un tiempo, el avance elaborador
de la situación fue consistente y se manifestó en su juego.
Él pudo realizar casas que resultaban atractivas y sólidas.
También construía autos con la misma técnica y terminó
haciendo una casa rodante que era arrastrada por un au-
tomóvil. Él dijo que eso le recordaba el modo en que se
tratan un hombre y una mujer, donde el hombre pone el
impulso y la mujer, el lugar para que quepa lo que es necesario guardar. También relacionó la casa con el espacio
analítico como un lugar que albergaba su necesidad de
protección. Sorprendido, dijo que le impresionaba lo que
hacíamos juntos pues él no estaba seguro de haber logrado
antes la concentración que obtenía ahora. Eso lo aliviaba,
pues siempre había tenido problemas para hacer foco en
sus problemas.

A los seis meses de análisis, hizo una casa más grande
que la caja que usábamos para guardar sus cosas, y fue necesario disponer de un espacio especial. Nos quedó claro
que eso era también un modo de expresar su necesidad
de tener un lugar especial que representara su deseo de
ser guardado y cuidado. Los dos juguetes –el juguete casa
y el nuevo juguete armario– formaban parte de un juego
construido en el tratamiento y cumplían una labor real, aún
necesaria para Juan. Él necesitaba experimentar durante
un tiempo que alguien estaba dispuesto a darle un lugar
dentro de su vida, de su consultorio y de sus espacios.
Así quedó fijado entre nosotros un canon en el comienzo
de la sesión. Yo disponía sobre el escritorio de trabajo su
caja de juegos junto a la otra caja con la casa guardada. Al

promediar su análisis, dos años después, el intercambio verbal se hizo más presente, él dejó de jugar gradualmente, y la caja quedó como una presencia silenciosa. La situación que deseo relatar sucedió luego de una gran pelea familiar. Él llegó ansioso y desesperado. Su padre se había enojado con toda la familia. Juan se encerró en su cuarto, temiendo otra escena violenta. El padre prácticamente derrumbó la puerta de su cuarto y rompió brutalmente sus cosas, su colección de latas y la caja del televisor. Juan se agitaba y repetía: "No puede ser, no puede ser". Finalmente pidió ver la caja que guardaba la casa. Le señalé que él pensaba que el desastre había sido tan intenso que ni siquiera esa casa se había salvado. Me miró significativamente y dijo que él había pensado que la casa estaba tan destrozada como el resto de sus cosas. Juan necesitó constatar, en la presencia práctica de esa casa, la indemnidad de su propio mundo subjetivo. El caso es ejemplar para ilustrar el valor del objeto real como alojamiento de una función elaboradora de la catástrofe y del desastre, que incluye elementos de un sinsentido incomprendido.

La frase "No puede ser" de Juan ilustra la impotencia del yo ante la situación que desmorona su creencia en un mundo no caótico. El escándalo es la contrapartida de la desmentida habitual de cualquier creencia en lo consabido de la vida usual. Allí se ve la intolerancia del yo hacia lo que no puede concebir como parte de su vida, y la respuesta impotente ante el dolor que emerge en la catástrofe. El objeto construido realiza la tarea de una silueta que alberga una realización tanto de la sobrevida del mundo simbólico de Juan como de la esperanza en su posible reconstrucción futura. En ese sentido se puede asimilar la función de la humilde casa de Juan con el sentido que emerge de las casas de Dennis Oppenheim –*El monumento al escape,* en el Parque de la Memoria–.

Esta dimensión real del objeto práctico fue destacada también por M. Klein (1929)[132] en su trabajo sobre el acto creador, cuando señaló que Ruth Kjär necesitó usar un lugar específico de la pared de su casa para hacer el bosquejo de la cara de su madre. Esa dimensión del objeto tiene un ancla en la realidad y otra en el simbolismo. Esta doble dimensión del objeto lo ubica como un estadio en la tarea de representación, en la producción de virtualidad y en la sucesiva o simultánea formación de símbolos. Se trata de una etapa que trasciende y está más allá de la percepción del objeto práctico, en virtud de lo que está representando para el sujeto. No obstante, aún carece de la abstracción que encontramos en los significantes verbales. El objeto en esa etapa obtiene por un lado un valor significante tal que permite su interpretación o su lectura simbólica, pero además tiene una investidura que va más allá de ese valor significante, una encarnadura afectiva que lo hace ser una presencia con vida propia, una vida que es muy importante para la economía subjetiva del sujeto. Ese valor afectivo es propio de la representación icónica y no tiene diferencias con la observación hecha por Pirandello con la autoimagen fílmica.

Las imágenes y todo tipo de representación en general ganan un valor afectivo propio. El agravio a una representación tiene una dimensión mayor que el agravio verbal. Esto se observa en la reacción que produce un ataque a la imagen en una foto o en una escultura. Hay algo real inmerso en esa dimensión de la representación. Algo real del objeto en sí y algo real en lo que está allí representado. Esta dimensión que hemos podido extrapolar del examen de los medios gráficos y lúdicos permite tirar líneas sobre

[132] Klein, M. (1929) "Situaciones infantiles de angustia reflejadas en una obra de arte y el impulso creador", *Contribuciones al psicoanálisis*, Hormé. Bs. As., 1974.

el valor del juego en el proceso elaborador y sobre una de
las modalidades más interesantes del juego elaborador
(me refiero a la transferencia).

La transferencia es probablemente la manifestación
más convincente de lo que en psicoanálisis llamamos "la
realidad psíquica". Es un ejemplo apropiado de esta etapa
intermedia del vínculo del sujeto con el objeto, en la que
la investidura libidinal y la producción de virtualidad generan un proceso de elaboración. En este sentido, el juego
y la transferencia son dos procedimientos similares o son
el mismo procedimiento que opera con dos materiales
diferentes: el objeto lúdico y la palabra. Está claro, sin
embargo, que este proceder les da a ambos un carácter
intermedio que hace del juguete y de la palabra un objeto
en suspenso, al servicio de la cabal expresión de la vida
subjetiva, y permite su retorsión al servicio de esa lealtad.
En esa tarea todo puede ser un juguete, y la palabra puede
alterarse hasta llegar al neologismo. El mérito de un psicoanálisis exitoso consiste en proveer instrumentos que
permitan un leal reconocimiento de esas manifestaciones
y de los efectos de la subjetividad, cualquiera sea la edad
de quienes intervienen.

e) C. Chabert (1989)[133] realizó un reporte del tratamiento de su paciente Blanca, que tiene un particular
interés para este trabajo. Chabert señala sin ambages que
el caso era difícil, que Blanca parecía tener una evolución
tórpida, cercana al *impasse* terapéutico y que las esperanzas
de encontrar un alivio de su sufrimiento se habían vuelto
remotas. La vida real de Blanca era inestable y su familia
era muy violenta. "Una disputa violenta había estallado
entre sus padres en el curso de una cena de cumpleaños
de la mamá de Blanca. Blanca era el motivo: ella había

---

[133]   Chabert, C. «Blanche, un cas clinique», *Journal de la Psychanalyse de
l'enfant. N.o 7, 1989. Rev. Psicoanálisis APDEBA, Vol. XIII, N 3, 1991.*

elegido ponerse un vestido negro, provocativo, dejando de lado otra prenda más usual comprada para esta ocasión. Blanca se refugia en su dormitorio e intenta abrirse las venas con una tijera. Llega el padre, la consuela y ella se duerme. Durante la noche es despertada por gritos: su madre encerrada en el baño tomó gran cantidad de somníferos. El padre rompe la puerta y la hace vomitar". (Ibíd.: 530). En un momento avanzado del tratamiento, Chabert recibió a Blanca, que venía sucia y envuelta con un tapado que cubría su pijama. La suciedad y el olor embargaban a ambas en un clima de abandono y de desolación. En ese trance, Chabert encontró, en su propio discurso interior, la evocación de la protagonista del cuento *Piel de Asno*. Se lo mencionó a Blanca y le preguntó si ella lo había leído. Ella respondió que no, pero que recordaba haber visto una película con ese tema (Demy)[134]. A partir de ese momento, el clima del análisis cambió, y el cuento sirvió de trama narrativa para que ambas protagonistas pudieran articular las diferentes situaciones conflictivas de Blanca. La eficacia de la narración dio lugar a un uso sistemático del cuento para describir el *hic et nunc* de la situación actual de Chabert y Blanca, y del significado de las sesiones. La mejoría clínica no se hizo esperar, y surgió un clima de enriquecimiento semántico de la situación personal de Blanca y de sus vínculos. El cuento no sirvió para descifrar los síntomas de Blanca; su eficacia adoptó un diferente camino: articuló en su narración el conjunto de situaciones sin significado expresadas en el caos.

El cuento ofrece un espacio real intermedio de gran utilidad para la comprensión de este caso. Su trama articula la experiencia incestuosa de Blanca con sus dos padres, pero agrega además una dimensión virtual, alejada de los intercambios prácticos cotidianos de Blanca y sus familiares, tan

---

[134]   Se refiere a la versión fílmica del cuento realizada por J. Demy (1970).

violentos y sin mediaciones. Ese espacio virtual del cuento tuvo el carácter de un espacio vacío intermediario. En las manos expertas de Chabert, fue un juguete que permitió explorar hechos y representar escenas. El cuento fue un drama envasado cuya elasticidad simbólica permitió alojar experiencias sin una cabida previa en el mundo de las palabras. El pescador astuto hizo otra vez el milagro de encerrar al genio terrible en el desfiladero de la palabra.

El cuento es una silueta donde caben Blanca y sus vivencias. Con esa mediación, ella puede darse un lugar para reflexionar, pensar, recordar e inventar. No se trata de una práctica chamánica donde un relato ordena un caos; no aparece aquí la seducción idealizada del brujo sobre la parturienta ni la hipnótica sugestión del hecho mágico. Aquí la magia la realizó un objeto intermediario virtual, capaz de alojar significados y de articularlos en un drama.

En resumen, la ilustración de los materiales personales giró alrededor de distintos espacios de alojamiento: un sueño, la tapa de un libro, una hoja de dibujo, una aureola en la pared o un cuento infantil. En todos éstos, el espacio práctico estuvo enmarcado por un deseo de humanización, propio u ofrecido por un compañero de circunstancias. En el interior de ese vacío esperanzado, el espacio de representación permite representar a cada uno de los personajes. Además da una secuencia que representa sus intercambios, sus permutas y negociaciones, sus ofertas, sus deudas, sus tiranías y sus obediencias. *Esa secuencia crece y ofrece dimensiones que son desconocidas, se bifurca y gana un espesor de matices que antes no existían, pero quizás lo más importante sea que esa emergencia de objetos construidos es precisamente eso, un artefacto humano en el que alguien se reconoce y se da sí mismo ese espacio de designación: "Reconócete a ti mismo e ingresa en la trama de deseos alejada de tiranías propias y ajenas".*

PODER Y POTENCIA

La cuestión principal está aún por ser descifrada. ¿Cuál es el trastorno que produce la catástrofe y por qué se necesita la puesta en juego de un objeto intermediario para salir de aquélla? Quizás la segunda parte de la pregunta dé una respuesta a la primera. Durante mucho tiempo se consideraron el juego y el arte como estrategias livianas no conflictivas. Ese prejuicio llevó a considerarlos prácticas menores, e incluso snobs. La polémica entre Kojève y Bataille da suficiente noticia al respecto. Sin embargo, el juego probablemente cruza todas las estrategias de elaboración presentadas en los materiales personales. Sin el auxilio del juego, el conflicto no puede abordarse, negociarse ni resolverse. El juego no pretende ejercer poder, pero despliega una potencia; en su estrategia suelta los lazos de la esclavitud entre los hechos y la práctica, y da rienda suelta a nuevas posibilidades. En el juego la espontaneidad gana libertad: una potencia. Nada más lejos de lo que persigue el poder. Éste sólo se propone dominar la voluntad a su arbitrio y esclavizarla dondequiera que se manifieste. Si el poder es la tiranía de la voluntad, el juego es el libre canto de la potencia porque sabe arriesgar contra la impotencia. Una vez más el *aíno* del halcón y el ruiseñor de Hesíodo no pudieron resumir mejor esa tensión.

Foucault se refiere al conflicto cultural de la modernidad con el sexo y desemboca en la cuestión del poder. Allí "... donde hay poder, hay resistencia y ésta nunca está en posición de exterioridad respecto del poder". (Foucault, 1976: 116)[135]. La idea de poder de Foucault está en tensión con la noción de potencia que propone Deleuze, al recordar las ideas de Spinoza[136]. El principal propósito del poder es impedir la potencia del otro y dominar al otro en su creatividad. Eso significa que un conflicto inevitable se despliega en la propia interioridad del ejercicio de la voluntad, dondequiera que ésta se ejerza o se manifieste. Cuando se teme a la impotencia, se busca el dominio sobre un objeto condescendiente para huir del dolor producido por la impotencia. De esto sabe la adicción. Tanto el esclavo como la píldora realizan el sueño de dominio en el que el adicto encuentra la pérdida de su propia libertad. La obediencia está presente en las estrategias de poder. Por eso la encontraremos en el uso consumista de sensaciones de la defensa adictiva como una estrategia antidepresiva para suprimir de facto al dolor. Es por esta razón por la que la adicción es una patología de la libertad (Moguillansky, 2006)[137].

El poder y la resistencia tienen una relación ineludible; "Los puntos de resistencia están presentes en todas partes dentro de la red del poder... y la formación del enjambre de los puntos de resistencia surca las estratificaciones sociales y las unidades individuales". (Ibíd.: 117). La lógica del poder y la de la resistencia forman una unidad que cruza a la sociedad y al conjunto de cada uno de sus individuos en una manifestación fractal que afecta a lo macro y a lo micro. El juego no hace más que manifestar esa lógica del conflicto, y revela sus contradicciones, sus fracturas, sus

---

[135]   Foucault, M. *Histoire de la sexualité*, Gallimard, París, 1976. *Historia de la sexualidad I.*,Siglo XXI, Bs. As., 2002
[136]   Deleuze, G. El abecedario, letra J; http://www.youtube.com/ watch?v=nk8330tvTbA
[137]   Moguillansky, C. "Las defensas maníacas", Ateneo Científico APDEBA, abril de 2006.

desmentidas y represiones implícitas, su censura mutua, en fin, la oposición entre dos fuerzas en conflicto, que forman parte de la condición misma del *Homo sapiens* de Linneo. "Reconócete" no es otra cosa que aceptar la apuesta de esa escisión inevitable.

Esa escisión es el resultado de múltiples estrategias simultáneas de desconocimiento: la prohibición, el mutismo y la inexistencia (Foucault, 1976: 11)[138]. La prohibición para manifestarse como hechos válidos y lícitos, la condena al silencio del "De eso no se habla" y la afirmación de su inexistencia se parecen a los argumentos del cuento polaco del reclamo del caldero prestado. Al defenderse, el deudor alega a su acreedor: "Nunca me lo prestaste, estaba roto y además ya te lo devolví". Cada argumento pone en aprietos al siguiente, y cada uno niega a los demás. Esa lógica deforme de la denegación concluye en la disociación de "dos espacios que se implican y se deniegan entre sí".

Lo curioso es que esos dos espacios no son físicos, sino lógicos, o mejor discursivos. Al considerar la obediencia-debida-al-poder y la resistencia al poder, vemos que ambas coinciden en el mismo lugar entre sí y están implicadas en el mismo lugar que el ejercicio del poder. La cuestión del poder implica y sobreentiende que éste exige ser obedecido y espera ser resistido. Entre la resistencia y la obediencia debida, se pone en juego una cuestión de autoría, valerosamente aceptada en el primer caso y cobardemente desistida en el segundo. La obediencia tiene su origen en el temor a desobedecer al tirano y perder su protección paradójica. El amo protege al esclavo de su amenazante destructividad en caso de ser desobedecido. En un capítulo anterior, habíamos señalado que la obediencia formaba parte de la representación-copia; ahora, con más

---

[138] Véase al respecto Foucault, M. *La historia de la sexualidad.* "La voluntad de saber", pág. 11.

recorrido, podemos hablar de la *obediencia que implica desistir de la condición de autor a partir de hacer del amo su sujeto*. Un ejemplo de ella fue la apelación cobarde de la *obediencia-debida-al mando-superior*, para intentar negar su responsabilidad criminal.

El objeto intermediario genera una distancia entre los hechos y el autor. Sobre aquél se puede transferir un sujeto y, en sus relaciones deícticas, se puede desarrollar una escena lúdica. El despliegue del argumento es tan importante como la distancia de la disociación instrumental. Si la disociación defensiva tenía el propósito de desmentir un hecho, negar su existencia y enviarlo al reino de "Eso que no se habla", la disociación instrumental promueve una distancia útil al servicio de una objetivación. Esa distancia instrumental permite la reflexión y la representación de un drama expositivo. La exposición ofrece un haz de prácticas alternativas lúdicas de ligadura y de derivación, de cambio de lógicas y de significados, que llamamos "juego elaborador". B. Brecht no diría otra cosa; su teatro busca crear un distanciamiento crítico para ver los hechos desde otra perspectiva.

CATÁSTROFE Y CAMBIO CATASTRÓFICO

"On this side I cannot be grasped, for I lived as much with the dead
As with those yet unborn, a little closer to creation than usual and
Yet nowhere nearly close enough".

Paul Klee, 1920.

La noción de catástrofe se usó ampliamente en la literatura. Aunque tuvo muchas acepciones, su sentido se estabilizó en torno a una vivencia no comprendida, que no se pudo articular con otras representaciones previas de lo sabido. Dos situaciones muy distintas pueden producir esa carencia: a) puede ser una acción intencionada que busca desembarazarse de lo sabido para buscar perspectivas nuevas de los hechos; o b) ser el resultado de una vivencia arrasadora que dejó al sujeto perplejo y sin una comprensión cabal de lo que vivió. Esas dos vivencias polares muestran: en el primer caso, el caos como un estadio usual en la génesis de un acto creativo; ese tiempo de anulación de lo sabido parte de un punto cero para crear un hecho original. En el otro caso es una vivencia desgraciada que deja inerme a quien la padece y lo sume en una catástrofe con una miseria representativa.

No se trata de la misma situación. En el acto creativo, el creador está a salvo de la fuerza de la catástrofe. El gesto creativo destruye el orden previo; borra lo ya hecho y sabido, y abre un nuevo orden, pero no pone en riesgo al sujeto. Este gesto toca un instante catastrófico, pero esa catástrofe está bajo control. En su acto de desandar lo sabido, el creador está más preocupado por no recaer en un cliché conocido que por quedar atrapado en la inermidad semántica. Del otro lado, la catástrofe sufrida es una vivencia impotente que toca otro extremo de la situación y su urgencia es recomponer una versión de los hechos desde un posible orden simbólico, y restablecer el hilván entre los hechos y sus posibles versiones. Estas dos dimensiones dan dos posiciones diferentes: la creación tiene un autor activo que ve, en la destrucción del orden previo, el paso necesario de su creación; por el contrario, la catástrofe deja al sujeto en una posición pasiva sin recursos simbólicos para salir de su emergencia.

A pesar de esas grandes diferencias, ambas catástrofes tienen puntos de contacto y podemos pensar que, entre éstas, se pueden producir cambios de estado en ciertas condiciones. Ese cambio de estado va del puro caos a una turbulencia sin orden que, al modo de un Big Bang, crea un universo. Podríamos pensar ese cambio de estado como un pasaje de la catástrofe al cambio catastrófico (Bion, 1965)[139]. Si en el cambio catastrófico se mantienen las condiciones de comprensión y de inteligibilidad, en la catástrofe hay una grosera ruptura entre la vivencia caótica de un hecho y las formas simbólicas que pueden comprenderlo. En la catástrofe no hay una comprensión de lo que sucede; el sujeto queda devastado en sus propias posibilidades de encontrar una relación simbólica entre él y su mundo, pues el caos es ininteligible. En el cambio catastrófico, por el

---

[139]   Bion, W. *Transformations*, London, Heinemann, 1965. En rigor de verdad, W. Bion sólo consideró la posibilidad del tránsito desde el cambio catastrófico hacia la catástrofe. Ésta era el malogrado resultado de un cambio catastrófico cuya turbulencia emocional rompía la estructura de la preconcepción. Sin embargo, creo perfectamente posible conjeturar el camino inverso, en el que una experiencia psíquica genere las condiciones de un retorno desde la catástrofe hacia su posible comprensión simbólica.

contrario, a pesar de su turbulencia, se mantienen los lazos con la experiencia del sujeto, que puede sostener un lugar de comprensión, aunque sea mínima, de su experiencia.

La vía más conocida ocurre en el pasaje del cambio catastrófico a la catástrofe, cuando el primero traspasa los límites de la comprensión. W. Bion (1965) señaló que, si la turbulencia del cambio catastrófico es muy intensa, rompe con la experiencia subjetiva previa y se desencadena una catástrofe. Éste suele ser un hecho desgraciado del que cuesta salir porque la catástrofe implica una ruina simbólica. Este texto conjetura que existe un posible camino de retorno que abre una vía reversible entre la catástrofe y el cambio catastrófico. En ciertas condiciones el camino permanece permeable y, por éste se manifiestan elementos vividos en la catástrofe. La víctima se quiere librar de esa reiteración pues, cada vez que la enfrenta, revive el mismo problema sin solución. Siempre surge el mismo dolor, y la expresión de esos retazos implica una vívida reminiscencia: ellos reaparecen en su caos original o levemente cambiados en una escena violenta con emociones insoportables. En esos fragmentos de memoria, se encuentran, sin embargo, los elementos que pueden hacer de puente en una futura salida elaboradora, e ingresar en un nuevo cambio catastrófico. El juego humano genera las condiciones para que la elaboración simbólica recupere los lazos rotos y permita la comprensión de ese fragmento quebrado de la vida.

Si el juego parte de la catástrofe y tuerce el estatus catastrófico en dirección a un orden, ¿cómo ocurre el cambio de dirección? Eso es tema de un intenso debate lleno de enigmas. En primer lugar, no resulta posible el abordaje simbólico de la catástrofe en su plena dimensión arrasadora: hace falta un primer paso que restrinja el caos de la catástrofe. El orden simbólico opera con diferencias y con oposiciones significantes y, por cierto, no hay una oposición significante clara entre la catástrofe y un término simbólico.

Para que sea posible el pasaje entre esos dos términos inconmensurables, se necesita salvar la brecha con un puente. La catástrofe es la nulidad del orden simbólico y se opone a éste como un todo. Hablamos primero del rol del mito y del héroe. Las artes plásticas, a su vez, buscaron una primera aproximación con su estrategia de deconstruir y reconstruir parámetros: la perspectiva, la luz, el color, las formas, el movimiento, etc. Diferentes movimientos impusieron reglas de transformación en el modo de representar el renacimiento, el claroscuro, el impresionismo, el movimiento *fauve*, el cubismo, el futurismo. En estos movimientos se advierte, más allá de sus diferencias estéticas, una oscilación de la descomposición-recomposición de una de esas variables. Esa tarea de recomposición tiene un resultado limitado; más allá de la creación original de esas transformaciones, éstas sólo alteran los códigos que presiden a la representación: ¿se puede ir más allá?

Es probable que "nunca sea lo suficientemente cerca (*nowhere nearly close enough*)". Seguiré las reflexiones que hizo P. Klee sobre su propio proceso creativo, en las cuales encontró una posible respuesta a la cuestión al decir que el proceso creativo parte de un caos restringido por el autor: "... el caos como antítesis del orden no es propiamente el caos, no es el verdadero caos. Es una noción localizada relativa a la noción de orden cósmico. El verdadero caos no podría ponerse sobre el platillo de una balanza, sino que permanece siempre imponderable e inconmensurable. El correspondería más bien al centro de la balanza". (Klee, 2007: 55)[140]. Si bien P. Klee parte de la idea de catástrofe, él piensa que, para que sea posible alguna creación, es necesario partir de un caos restringido. Vale decir, partir

---

[140]   Klee, Paul. *Teoría del arte moderno*, Cactus, Bs. As., 2007: 55. En alemán original, *Schriften*, Ch. Geelhard, Ed. Cologne, 1976 y *Beiträge zur bild-nerischen Formlehre*. Glaesemer, Ed. Basle-Stuttgart, 1979.

de un punto de perspectiva simbólico que sea el inicio posible de un ordenamiento. No se abarca lo inabarcable, se trata de *adoptar una hipótesis que haga presente y representable lo caótico dentro del universo comprendido posible.* El artista no trabaja con el caos verdadero, sino con un cierto caos que puede abarcar, incluir y representar dentro del mundo visible. Probablemente esa idea de caos que sostiene Klee no es la anulación concreta de lo simbólico, pero sí intenta partir de un punto cero, de cierta representación del caos que se establece desde el simbolismo. Una representación que presenta al caos y lo hace aparente, pero ya no es el caos propiamente dicho. El caos de Klee es un caos que el simbolismo comprende, ordena, corta y divide en un proceso de composición total, activo y consciente (Okuda, 1983)[141]. Para abundar en este punto de vista, en su comentario sobre P. Klee, R. Doschka (2001: 19 y f.), señala: "Cuando Klee se refiere a su modo de pintar habla de una alegoría creativa, para él el lienzo o el papel es un pequeño jardín del paraíso en el que los elementos pictóricos crecen como plantas, exploran su potencialidad en las esferas transicionales entre la figura y la abstracción, la forma y la idea. Con su intuición creativa, Klee une en su proceso creativo como un jardinero cultiva sus plantas hasta florecer. Sus títulos están llenos de jardines y de metáforas con plantas". (Ibíd.: 19)[142]. El proceso creativo de Klee no tiene un fin formal, pero da forma pictórica a una génesis que, partiendo de un punto cero (*ground zero*), semeja la obra de la naturaleza –por ello la metáfora de un jardín paradisíaco–. La

---

[141]   Okuda, O. "Zerteilen und Neukombinieren –über die spezielle Technik von Paul Klee", *Bunkagaku-Nempo*. University of Kobe, N.o 2, march, 1983. Cita de Rümelin, C. en "Klee's interaction with his own oeuvre", *Paul Klee*, Prestel Verlag, Munich, 2007.

[142]   Doschka, R. (2001) "A lyric poet in paradise and a dramatist in arcadia", *Paul Klee*, p. 19 y ff. Prestel Verlag, Munich, 2007. Traducción mía.

misma idea germinal se encuentra en Cézanne, cuando
habla de su pintar como "este amanecer de nosotros
mismos por encima de la nada". (Düchting, 1990: 214)[143].
Deleuze (1981) propone una idea similar y habla de un
abismo ordenado. Nadie cae en su fondo aterrador. Ése
es un abismo representado, ordenado y afectado por un
orden; estamos en el plano simbólico, pues el abismo
deleuziano[144] ingresó en ese orden como un significante
de lo abismal.

El cambio desde el estado de cosas catastrófico a la
representación simbólica incluye tanto una operación
significante como la apertura de un área de manifestación
donde un sujeto se hace presente. Esa área tiene una doble
perspectiva: por un lado está en blanco y es un intervalo
abierto (Wagner, 2000)[145] a lo que surja en ese momento
creativo germinal y, por el otro, arrastra las ideas que so-
brevivieron a la destrucción de lo sabido. Nunca el blanco
es completo ni la destrucción es total; ese agujero producto
de la carencia de representaciones se rodea de representaciones previas que lo enmarcan y le dan una suerte de
borde de contención semántica. En *Más allá del principio
del placer*, S. Freud (1920) señaló que el hecho traumático
se rodea de representaciones que le dan un sostén narcisista. Esas ideas previas participan del posterior entramado
simbólico que organiza la salida elaboradora. También
prestan auxilio al proceso que se dará si ese puente entre la
catástrofe y el simbolismo se hace finalmente presente. El
ejemplo que cité de L. Arfuch es valioso porque nos brinda
una pista sobre este proceso también: "Fue justamente ese

---

[143]   Düchting, H. *Paul Cézanne*. Taschen Verlag, Köhln, 1990: 214 y siguientes.
[144]   En rigor, la idea de un abismo ordenado surgió del texto de Jean Gre-
         nier. *Un abîme ordonné* figuró como comentario en la muestra "Choix
         d'œuvres des années 1946-66", Galerie Le point capital. París.
[145]   La idea de intervalo sigue las ideas de Wagner, A. en "Drawing a blank",
         Representation N.o 72, UCP,, California, 2000.

vacío, todavía humeante, imagen fija del desastre... la que me produjo una asociación caprichosa quizá, pero no del todo infundada: el recuerdo súbito de la tapa de un libro de Tzvetan Todorov que había incluido en un curso reciente y que aún estaba apilado en mi mesa de trabajo... en la tapa... una vieja fotografía de Tadeusz Bukowski tomada en octubre de 1944 muestra la calle Piwna de Varsovia...". (Ibíd.: 18). Igual que cualquiera, Arfuch se repone de lo irrepresentable, tomando de su propio acervo de representaciones las posibles ligaduras: anclas para otorgar sentido. Muestra cómo se entrama el significado del caos aún ajeno en una red propia, en este caso de imágenes y de libros de trabajo, en los que ella sostiene su cotidiana tarea de comprender la vida. La ruina de la Varsovia de postguerra se presta para comprender esta Pasteur aún irrepresentable. La verosimilitud de la ligadura es posible en tanto entre las calles Piwna y Pasteur se enlace una trama de invisibles hilos de asociación, apenas entrevistos por nosotros lectores, pero plenos de sentido para ella. No es sólo una liga semántica, al modo de una explicación de diccionario: ambas empiezan con *P*. Allí lo propio del sujeto, a través de asociaciones significativas, pone en sentido propio aquello que quedó fuera de la corriente de significaciones singulares. La calle Pasteur requirió "parecerse" a una calle de Varsovia, como el jeep del material de Juan requirió volverse tractor familiar para que se ganara en ambas oportunidades el entramado propio que los volvió significativos.

En una crisis vital, ocurre algo similar; los hechos novedosos se ordenan en la trama de representaciones previas que, como un estroma basal, impiden su posible desorganización. Si bien la aventura es turbulenta y parte de un caos, no es en sí misma una experiencia caótica y está contenida por un marco invariante que respeta el orden precatastrófico previo y adhiere a éste (Moguillansky,

2008)[146]. Ese factor diferencia a la aventura adolescente (y a otras crisis vitales) de un mero desorden desafiante sin un genuino universo por conquistar. La eficacia de esa contención que entrama en una sola red las diversas y contradictorias vivencias personales da una ilusoria experiencia de identidad, que se plasma en una narración singular: lo que llamamos "la propia historia".

Ocurre una restricción similar cuando el juego realiza un salto lógico sobre la catástrofe[147]. De este modo la catástrofe adopta una dirección que se aleja del caos. La clave en la idea de Klee es que allí ocurre un salto. Eso implica un viraje desde la catástrofe como pura nulidad significante hacia la representación –ya plena manifestación significante– que puede hacerse de la catástrofe. La representación de la catástrofe en Klee no difiere de cualquier otra representación. La singularidad de Klee radica en que él advierte una gran diferencia entre si se sale de la catástrofe-episodio o si no se sale de ésta y no se puede acceder a la catástrofe-representación.

En este último caso, la conmoción deja al sujeto abismado en el estado de cosas catastrófico. Él siente que fue

---

[146]   Moguillansky, C. "La invención de la experiencia", *Rev. Psicoanálisis APDEBA*, 2008, N.o 2.

[147]   Nota: el arte ha buscado en el juego infantil una fuente de inspiración. Muchas veces se ha asimilado el juego de los niños al arte primitivo. S. Freud, en su *Introducción del narcisismo* (1914), señaló que se podía encontrar semejanzas entre el psiquismo infantil y el animismo primitivo. P. Picasso escribió: "Hay aún primitivas fuentes de arte tales como las que encontramos en un museo etnográfico o en casa, en el cuarto de los niños (no se ría, lector). Los niños saben cómo hacerlo y eso no debería entenderse como una objeción al desarrollo más reciente (en el arte). Por el contrario, esa coincidencia contiene un centro de real sabiduría. Cuanto más desamparados están esos niños, más instructivo es su arte, pero aún allí hay corrupción: cuando los niños comienzan a observar obras de arte muy desarrolladas o aún tratan de imitarlas... eso ilustra qué lejos debemos retrotraernos si deseamos evitar arcaizar". (Picasso, P. Reviews and Essays, Cologne, 1976:97 [Traducción del autor].

un objeto antes que formar parte de la catástrofe y no puede reponerse en su lugar (ni de autor ni de sujeto). Haber sido el objeto de un deseo irresistible es tan intenso y genera tal certeza en la víctima que ésta responde encerrándose en un claustro donde no se accede a una salida subjetiva. La víctima permanece en su posición pasiva de objeto, en una suerte de identificación mortificada con ese lugar, y en esa posición a la que ha sido arrojada por la catástrofe. Dentro de ese claustro se dan reglas y leyes locales que no obedecen a la ley genérica, lo que genera una isla anómala de usos y costumbres ajenos al contexto general (Meltzer, 1992)[148]. Estos usos sólo pueden ser entendidos si se presta atención a la situación local postcatastrófica. En ese claustro surge toda suerte de situaciones rituales y de duelos congelados, de mesas tendidas, sillas vacías y cuartos preparados en la espera ritual y desesperada del ausente, de precauciones y de actitudes defensivas que esperan la repetición del desastre. Esas distintas expresiones forman parte de una vivencia fija que sigue su destino atemporal local postcatastrófico. Esa extraña memoria es imborrable y se empecina en sostener su ligadura con el caos vivido. Ello va de la mano con la carencia de las representaciones que podrían resolver la situación como lo han hecho en otras circunstancias de la vida. La catástrofe no sólo se repite en la reiterada pesadilla que revive la escena del trauma: se presenta en todas las minúsculas formas de sostener igual aquello que fue arrasado. Si bien la vida sigue, en el claustro de esas vivencias se mantiene congelada. Entre esas dos manifestaciones –viva y congelada–, hay una rasgadura psíquica que distingue dos modos de hacer las cosas y dos legalidades diferentes que no se chocan ni se alteran entre sí. Si la vida usual participa del universo simbólico humano, en la zona postcatastrófica sólo encontramos desmentidas e historias congeladas.

---

[148]   Meltzer, D. *The claustrum*. Clunie Press, Perthshire, 1992.

TESTIMONIO

"Se trata de una ficción... si me propongo hacer callar al
Arte, ya le estoy otorgando derecho a la palabra".

Eduardo Grüner.

La virtualidad de la representación respecto de lo real es
la condición indispensable de su función elaboradora. Eso
requiere revisar el testimonio como una variedad extrema
de la presentación y diferenciar la representación virtual
–que mantiene una distancia narrativa respecto de lo que
representa– de la presentación testimonial de un hecho de
la vida, con su certeza y su violencia. La acepción de la representación como lo que representa otra cosa fue retomada
por Foucault como un tema de reflexión sobre la naturaleza
del discurso. En su obra *La arqueología del saber* (1969)[149],
advierte que la tarea de representar busca su consistencia
sobre dos posiciones peligrosas. La primera dice que todo
discurso responde a algo verdadero que le es previo, lo que
llevaría a su estudio a "un punto que retrocedería de manera
indefinida en la búsqueda de ese hecho originario jamás
presente en ninguna historia" (Ibíd.: 40), que se escapa en
los orígenes míticos del tiempo. La segunda señala que "todo
discurso manifiesto reposaría secretamente sobre un ya
dicho, y ese ya dicho sería un jamás dicho, un discurso sin

---

[149]   Foucault, M. (1969) *La archéologie du savoir.* Gallimard, París. *La arqueología del saber.* S XXI. México. 1999.

cuerpo" (Ibíd.: 40). Ni en la historia ni en la interpretación es posible encontrar esa consistencia causal prometida, ese *primum movens* que se escapa asintótico en las crónicas y en la deriva de significaciones. En apariencia ésta es una idea crítica respecto del pensamiento psicoanalítico y, de hecho, refuta muchas posiciones que pecan de un determinismo historicista o de una hermenéutica cerrada. Sin embargo, el psicoanálisis no tiene una doctrina causalista ni se opone a la concepción del discurso como un sistema abierto. En tanto la hermenéutica y el relato fracasan en su condición de garantía; en todo proceder que tenga cabida sobre la toma de la palabra, "es preciso estar dispuesto a acoger cada momento del discurso en su irrupción de acontecimiento... en esa dispersión temporal" (Ibíd.: 41). La distorsión entre el recuerdo encubridor y el supuesto hecho histórico al que se refiere y la distancia entre la versión transferida y el semblante real del psicoanalista testimonian una eficacia que no debe buscarse ni en otro recuerdo ni en otra esce-na histórica, supuestamente perdidos en la memoria. Esa distorsión es producida por la estructura misma de nuestro ser parlante, que fuerza una ganancia y una pérdida entre lo vivido y lo narrado.

En suma, la representación presenta un hecho con cierta distancia enunciativa. Al ser un enunciado, tiene una sig-nificación definida. Pero, al ser un acto de enunciación, su intención autoral y su lectura imponen su propio contexto de significados. El margen se amplía considerablemente si agregamos el valor metafórico que puede adoptar o si en su evolución discursiva resuena con otras representaciones, y gana un sentido nuevo que le aporte una significación inesperada. Finalmente, la representación tiene una faz positiva en aquello que efectivamente representa y una faz negativa, en eso que evoca por ser un intersticio en blanco inefable, en ese más allá de su positividad.

Según Arfuch (2002)[150], la representación arrastra una
suerte de pecado original, la de no ser justamente un original, ser una copia de la cosa y "padecer de una secundi-
dad, previsiblemente falsa". (Ibíd.: 206). La cultura griega
temía que la llamada "falsedad" produjera emociones
antisociales; las convenciones teatrales griegas proscribían
la representación directa de la violencia y prescribían en
cambio su narración (un tema que retomaré al hablar de
presentación). Ricoeur rescata por el contrario su valor
mimético, al homologar la *mimesis* con la *poiésis*, como
su dimensión creadora (Ibíd.: 206). Ricoeur concluye: "La
función referencial está ligada a la revelación de lo Real
como Acto... presentar a los hombres 'como haciendo' y
a todas las cosas 'como en acto', tal podría ser la función
ontológica del discurso metaforizante". (Ricoeur, 1975)[151].

La virtualidad entre la representación y el referente
representado se puede perder tanto en el terreno del emisor como en el del receptor. Los hechos en cada caso son
presentados por el emisor o comprendidos por el receptor
como reales, pues han perdido su cualidad de reflejo virtual
de otra cosa. Recordemos las reacciones de espanto y de
pánico que produjeron las primeras imágenes del cine de
los hermanos Lumière cuando la audiencia creía ver en
el tren filmado una amenaza práctica que se precipitaba
sobre ella, o las grescas indignadas de nuestro público
paisano durante las primeras representaciones del teatro
criollo. Otro tanto se podría decir del pánico que infundió
en el público radial de USA la emisión de *La invasión de los
mundos* de O. Welles. La audiencia era incapaz de captar
la falsedad que señala Arfuch y se aprestaba a la acción en
una reacción ante un hecho "real". La audiencia no sabe

[150]   Arfuch, L. "Representación" en *Términos críticos de sociología de la
        cultura*. Ed. Carlos Altamirano. Paidós, Bs. As., 2002:206-9.
[151]   Ricoeur, P. (1975) *La metáfora viva*, Bs. As., Megápolis, 1977.

reconocer los signos de virtualidad de la representación. Carece de la distinción, pues le falta esa información contextual y toma la representación con el carácter concreto de la vida práctica. Hay en juego una cuestión de información cultural, que en la representación cotidiana suele ser obvia, pero que no lo es tanto si la representación es desconocida. Hace unos años se presentó en el Teatro Colón, la obra *Európera*, de J. Cage. La obra tiene un largo intervalo inicial en el que los cantantes y figurantes en el escenario y los músicos del foso permanecen en silencio. La reacción inicial de la audiencia fue de perplejidad. Siguió luego una gran inquietud, que estuvo matizada por toses, risas, aplausos aislados y algún grito. Cage había logrado una vez más su propósito de poner al público en el lugar de uno más de la performance, apelando a la ruptura de los códigos del espectáculo, conmoviendo la disociación entre escenario y platea, entre la virtualidad del espectáculo y la materialidad de la vida real del teatro en ese momento y lugar. Interesa retomar el antecedente del teatro griego citado por Arfuch, pues *prescribe narrar donde se puede revivir (en acto) una violencia que amenaza con promover una violencia similar en el auditorio*. La narración implica una toma de distancia enunciativa entre la presentación del narrador y lo narrado, en tanto que esta faceta de la representación ilustra una falta de dicha distancia enunciativa, en la que la representación y su referencia se aproximan hasta confundirse entre sí. Esa caída de la virtualidad crea una nueva escena, y con ello aparecen nuevos sentidos y posibles nuevas vías de significaciones.

De este modo podemos introducir la pérdida de la virtualidad en el emisor. En una actuación teatral convincente, el actor que sostiene la presentación propone un vívido cuadro de aquello que representa. El artista con su experiencia y su talento pinta un carácter que conmueve a la audiencia en su verismo. El actor, sin embargo, mantiene una distancia enunciativa con el personaje que representa y en su discurso privado sabe que él no es aquél[152]. Hay otra situación, paradigmática en la histeria, en la que esa distinción entre personaje y representador no existe. El histérico vive concretamente su representación o, para decirlo con más precisión, su presentación. En la escena histérica, tanto el histérico como los personajes que lo acompañan "tienen vida real" y él experimenta afectiva-mente los hechos con la misma certeza que tiene en su vida práctica. Su juicio de realidad se altera por el imperio de esta concretización de su fantasía en una escena vivida y ejercida en la realidad. Según vemos, la concreción de la virtualidad de la representación es paralela a una altera-ción del juicio de realidad si esa concreción es un recurso intencionado del emisor (tal como lo hizo Welles), una carencia de saber del receptor respecto de los signos de virtualidad (como nuestro público paisano), o bien se debe a una falla neurótica en la diferenciación entre la realidad psíquica de la fantasía y los signos de realidad de la vida práctica, como lo es en la histeria. La imposibilidad de establecer la distinción virtual impide que las experiencias ingresen en un régimen narrativo ficticio. Se tratan como datos de una historia, sin la plasticidad que tienen las representaciones para sumarse entre sí (condensación) y para trasladarse hacia otros discursos (metáfora y me-tonimia). Lo opuesto es igualmente posible, al crear un distanciamiento defensivo entre el sujeto y lo vivido. Los hechos se experimentan como si fueran de otro, y el sujeto se instala en una posición de extramuros, de turista de su propia vida, que relata como un cronista. Entre estos dos movimientos de confusión y de distanciamiento, el juego de la elaboración propone una escena en la que el jugador se concentra y se compromete con su juguete, que funciona

---

[152]   Sauri, J. *Las histerias*. Nueva Visión, Bs. As., 1975.

como un personaje intermediario de sí mismo, disociado instrumentalmente.

El término "representación" define el acto en el que alguien figura algo y se da a sí mismo una representación de un referente a su vez mental. Conviene distinguir esta situación de dos términos igualmente subjetivos de la representación que se hace de un hecho de la vida práctica. A su vez debemos distinguir estos términos de la idea de representar una historia en una escena, por ejemplo, en una representación teatral con personajes. Y a su vez éstas merecen ser distinguidas del relato, también teatral, que puede hacer el coro griego. Enfrentamos el engorroso problema de que el término "representación" es usado en todos esos sentidos mencionados, y eso genera un terreno borroso de la terminología. Quizás podría aclararse la cuestión si llamamos al primero "figuración"; al segundo lo definimos como "representación de la realidad"; al tercero, como "performance"; y al cuarto, como "relato".

Otro criterio surge si diferenciamos entre las representaciones que contemplan la virtualidad y las que carecen de ella. Reservaré el término de "representación" para las primeras y utilizaré "presentación" para enfatizar el carácter concreto de las últimas. Para precisar mejor esta distinción de términos, la presentación es "una representación en la que se presenta y se manifiesta el sujeto". En ésta se da cuenta de su participación y responsabilidad en los hechos, sea su posición pasiva o activa. La manifestación del sujeto se presenta sin mediaciones, en su cruda presencia actual, más allá de que utilice alguna estratagema para apaciguar la violencia de su acto: la teatralización, la ocurrencia o el chiste[153]. La presentación, al ser una manifestación del sujeto, implica una cierta distorsión

---

[153]   Semilla Durán, N. "Presentación, representación, teatralización", *R. de la Plata*, N.o 19, La Rioja, 1997. pp.275-284

del reflejo del referente y muestra las marcas del sujeto que allí se manifiesta. Incluye una interpretación y tiene un autor. Es una enunciación cuya autoría, buscada o no, es inevitable. El autor es explícito; incluso puede ser muy explícito, tal como ocurre del modo más exasperado en el testimonio; o bien es un autor implícito, como lo es en el síntoma, siempre rechazado como ajeno a la mismidad del emisor. Es ésta una condición de estructura, pues la interpretación es la única modalidad en la que el sujeto se presenta como tal. No hay presentación en la copia, ya que en ésta el sujeto se desdibuja en su eterna referencia a un tercero que le hace de modelo (Deutsch, 1968)[154] y al que apela como referencia última de su responsabilidad (Aryan y Moguillansky 1991)[155].

La presentación, en tanto incluye una interpretación, tiene la estructura de una frase. En esta definición entramos en el terreno de la interpretación desde el otro extremo. Ya se planteó que el sujeto surge como manifestado en cada movimiento interpretativo, ya que la selección del universo y la perspectiva de esa selección son atribuidas a una intención, a la manifestación de una subjetividad. *La presentación es la manifestación de un sujeto que hace de ella su modo de enfrentar y hacerse ver y escuchar en un discurso.* La interpretación que la constituye emerge al menos de dos significantes que, al conjugarse entre sí, juegan con su alternancia, su oposición o su resonancia. Aun en la presentación producida en una sola palabra, la interpretación surge de la interacción entre ese significante y el contexto que lo precede y lo enmarca. Si en la escena coloquial alguien dice una sola palabra como ocurrencia

---

[154] Deutsch, H. "Algunas formas de trastorno emocional y su relación con la esquizofrenia", *Rev. Psicoanálisis*, Vol. 2, 1968
[155] Aryan, A. y Moguillansky, C. "Transferencia de latencia", *Psicoanálisis APDEBA*, Vol. 13, N.o 3, 1991.

chistosa, esa palabra gana un sentido a partir de la resonancia que tiene con el texto precedente. En eso difiere de las voces *truco, gol, penal,* que tienen un significado específico y determinado para el terreno arbitrario en el que son dichas: el juego del truco y el fútbol. El criterio de lo que surge en la frase no viene del modelo al que la frase remite o refiere, sino del interior de la frase misma, de cómo ella ha sido confeccionada. En esa confección significante, emerge un sujeto relacionado con un sentido. Ambos determinan el criterio que define esa particular combinatoria significante. Para el caso del chiste, la ocurrencia chistosa hace frase al resonar con el texto precedente y, de esa resonancia, surge un sujeto y un sentido a ser significado por cada uno de los participantes de la escena.

El chiste y el testimonio son extremos útiles para considerar el tema del autor en su lugar de intérprete manifestante; el chiste escamotea juguetonamente al autor y deja flotando impune su responsabilidad entre la risa de la audiencia; el testimonio, por el contrario, pide la responsabilidad plena del testigo, quien arriesga su persona pues a él se le exige ser un autor explícito extremo. Su discurso es una manifestación interpretante que defiende una versión de los hechos y en el que está muy involucrada la figura del autor del discurso. Su propia persona está en juego, y por ello el criterio de verosimilitud de su mensaje es necesariamente debatido por el receptor (la audiencia). De allí que el discurso del testigo sea incompleto y deba completarse por el receptor, quien creerá en aquél o no. Eso determina una zona de ambigüedad de la certeza testimonial que queda en discusión entre el testigo y su audiencia, lo que origina una controversia: ¿quién decide si ocurrió o no el hecho? En la falta de clausura del discurso testimonial, tanto la política y la opinión como la escurridiza verdad jurídica confluyen para dar sus propias versiones. Esta cuestión también impregna el debate de la historia. La discusión entre Hayden White (1966)[156] y Carlo Ginzburg (1976)[157] es un ejemplo de esta situación. Ese debate se ciñe sobre la cuestión de cómo establecer lo real. Sin pretender ubicar su inicio en un punto determinado y a los efectos de circunscribir ese debate, podemos marcar sus fuentes en las ideas de Nietzsche sobre el valor de la verdad en la construcción de una tradición, tal como figura en la cita siguiente: "¿Qué es entonces la verdad? Una hueste en movimiento de metáforas, metonimias, antropomorfismos, en resumidas cuentas, una suma de relaciones humanas que han sido realzadas, extrapoladas y adornadas poética y retóricamente y que, después de un prolongado uso, un pueblo considera firmes, canónicas y vinculantes; las verdades son ilusiones de las que se ha olvidado que lo son...". (Nietzsche, 1963: 245)[158]. El debate se tornó en una aguda discusión ideológica en las posiciones de Pierre Vidal-Naquet, Hayden White y Arnaldo Momigliano. Aquí sólo recordaré el trabajo de Carlo Ginzburg (1992)[159], quien señaló que basta el testimonio de un solo testigo para determinar la verosimilitud de los hechos. En la medida en que la presentación exige una ligazón entre el sujeto y la versión, vemos que se origina un continuo que va desde la máxima investidura que ofrece el testimonio hasta las situaciones en las que el autor encuentra crecientes dificultades para reconocer el texto como propio. Ya vimos el caso del chiste donde el autor se esconde en la ambigüedad del sentido oculto que acaba de evocar. Tira la piedra y esconde la mano. El síntoma está un paso más adelante.

---

[156]   White, H. (1966), "The Burden of History", in *Tropics of Discourse: Essays in Cultural Criticism*. Baltimore: John Hopkins, 1978. Págs27-50.

[157]   Guinzburg, C. (1976), *El queso y los gusanos*, Península, Barcelona, 2001.

[158]   Nietzsche, F., *Sobre la verdad y mentira en sentido extramoral*, En *O. C.*, Buenos Aires, Aguilar, 1963.

[159]   Ginzburg, C. "Unus testis. Lo sterminio degli ebrei e il principio di realtà", *Quaderni storici 80*, 1992. Págs. 520-548.

Es un discurso en el que el autor de la manifestación es rechazado por el locutor del mensaje. El yo no se responsabiliza por lo que dice o es llevado a decir, aunque acepta ser su autor usuario (pues lucra con él) y su autor paciente, pues también lo padece y sufre con él.

Si el discurso ni siquiera puede ser incorporado en el campo del síntoma, queda como una representación sin significado. En este recorrido entre el autor y su discurso, llegamos finalmente a este último paso. La ligadura entre el autor y su discurso tiene la cualidad icónica e indicial propia de la copia, pero no puede conservar la interpretación de la representación. No se ha podido confeccionar una versión que ligue lo propio y la vivencia de un hecho. El sujeto no incorpora lo fenoménico actual en un vínculo de significado. Lo propio falla en su función de dar significado al hecho de sentido, el que queda suelto e insiste en su demanda de significación. No se trata de un consumo o de una copia de vivencias sin significado, sino de una emergencia semántica donde el autor queda desarmado y perplejo. *En ese casillero vacío se manifiesta el trauma y, con él, la catástrofe.*

A PARTIR DE UN CIERTO PUNTO

Las evidencias de estos casos dan un vuelco a las ideas clásicas sobre la escisión del yo en el proceso de defensa (Freud, 1938)[160]. No se trata de una brecha producida por la contradicción entre dos funcionamientos psíquicos distintos. Si bien la frontera disociativa separa los procesos regidos por la negación y por la castración de aquellos que la desmienten, las evidencias permiten vislumbrar otra razón causal para su establecimiento en la situación postcatastrófica. La escisión radical que observamos entre el claustro y el resto de la vida psíquica sería el resplandor actual de la brecha significante que se ha abierto en la víctima entre su mundo simbólico precatastrófico y la catástrofe vivida. Lo escindido no sería ni una actitud omnipotente ni un desafío a la ley, sino una ruina. No es posible reintegrar lo disociado en el presente en la medida en que esa brecha es el residuo actual de una ruina psíquica. Muestra el fracaso simbólico postcatastrófico que no pudo recuperar una adecuada versión representativa del episodio catastrófico. Sólo una operación elaboradora que recupere simbólicamente la catástrofe podría tender un puente entre lo escindido actual y el resto del psiquismo. Esa carencia representacional tendría un rol central en la génesis de la escisión defensiva y, entonces, los factores de

---

[160]   Freud, S. "La escisión del Yo en el proceso de defensa" (1938[40]). *Obras completas*, AE. Buenos Aires, 1979.

la escisión quedarían de ese modo reordenados. Tanto la carencia representacional como la subsecuente falta de un orden simbólico reglado originan interacciones significantes presididas por la desmentida. Esto explica la intensidad de las ansiedades persecutorias y de las defensas maníacas.

De un modo general se podría adelantar que la actitud pasiva de la víctima es un bastión para resolver en la elaboración de una catástrofe. Por ello, las ideas de Klee arrojan alguna luz en este problema y señalan un punto implícito de la mayor importancia: si la catástrofe es un estadio pasajero que puede ser trascendido es porque el autor puede salir de ésta en su camino de búsqueda creativa. El autor sale adelante, encuentra un lugar activo y recursos representativos para hacer algo con la catástrofe experimentada. ¿Cuáles son las condiciones que permiten ese acceso y ese viraje subjetivo? No es una solución voluntarista ni ciega ante las grandes diferencias que hay entre la catástrofe arrasadora y el caos autoprovocado del acto creativo. Se trata de partir de la evidencia que arrojan esas experiencias creativas para iluminar un posible camino elaborativo. La solución de la escisión catastrófica no consiste en destituir la desmentida ni las ansiedades que surgen a partir de ella, pues la escisión no sería la causa, sino el resultado de la situación caótica. El objetivo terapéutico cambia; ahora se trata de operar sobre la situación catastrófica que se hace presente en el *acting out*[161] recurrente de la víctima. Ella

---

[161] *Acting out* es una noción psicoanalítica que designa un modo expresivo de la vida psíquica en el que el paciente repite vívidamente un hecho de su historia, real o fantaseada. Tanto el paciente como el analista se ven implicados en la escena del *acting out* y no pueden hacer otra cosa que participar de éste. En la evolución favorable del *acting out*, el analista se recupera de su contraactuación y puede intervenir desde una posición reflexiva y narrativa, y extraer un saber de los hechos vividos en esa situación particular del tratamiento. En su origen, *acting out* tradujo al inglés el término *agieren* en alemán, que en su contexto original corresponde a la noción de repetición en la transferencia de

lo trae para que su mensaje ingrese en un futuro juego elaborador. El *acting out*, lejos de ser un obstáculo en la cura analítica, sería la *via regia* para acceder al caos que se ha hecho invisible y que sólo puede mostrar sus turbulencias a través de aquél. En la repetición del *acting out*, debe ocurrir la metamorfosis en la que éste deje de ser sólo un retazo de la catástrofe para transformarse en un ícono de ésta. En su dolor, la víctima expresa, en el *acting out*, un padecimiento que la abruma; en el *acting out* ve una vez más la catástrofe vivida. Desde ese ángulo, el *acting out* está aún formando parte de la vida. En éste la vida ha vuelto a repetirse tal cual fue. Algo debe ocurrir para que el retazo pierda su confusa fusión con la catástrofe y logre ser un ícono de lo que sucedió, para ingresar en alguna conversación con el registro simbólico.

Veamos las relaciones del *acting out* con lo icónico[162] y con el juego: estamos en una encrucijada central entre las relaciones del juego con la catástrofe y las relaciones del acto creativo con el caos inicial del que debe partir. Klee sostenía que *el punto gris* –el abismo en el que se desdibujan las figuras y los colores– *debe saltar sobre sí mismo* para que ocurra un hecho pictórico creativo. En ese salto el punto gris deja de ser meramente el punto gris para transformarse en un ícono del punto gris. Un salto que implica nada menos que el cambio desde el caos sin formas ni dimensiones del punto gris a un huevo inicial, al germen de líneas y colores que gesta un hecho pictórico. Cuando Klee habla de punto gris, enfatiza dos aspectos centrales de lo catastrófico informe: se trata de un punto sin dimensiones, matemático e inmaterial y se

---

hechos que el paciente no puede recordar. Véase Freud, S. "Sobre la dinámica de la transferencia" (1912) y "Recordar, repetir y reelaborar" (1914). *O.C.* Amorrortu Editores, Buenos Aires, 1979.

[162] *Groupe μ. Traité du signe visuel. Pour une rhétorique de l'image*, París: Seuil, 1992. *Tratado del signo visual*, "El signo icónico". Pág. 118.

trata del gris, de esa confusión de colores en la que ya no
hay color ni diferencias. Se puede sostener que ésa es una
ambigüedad conceptual pues, si bien la idea de punto gris
evoca la nulidad tanto de las dimensiones como del color,
esa idea es ya una idea. Incluso se puede decir que es una
idea compleja y abstracta, una idea matemática y cromática,
y eso supone que allí está presente la plena eficiencia del
simbolismo. Sin embargo, la importancia del planteo de
Klee está precisamente en que él señala un tránsito entre
dos estados de lo mismo: un recorrido desde un borde
caótico hacia un borde productivo. En el borde del caos,
Klee nos advierte que, si la catástrofe toma todo y amenaza
todo, no se puede salir de ésta, pues no tiene un contrario.
¿Cómo salir entonces? Klee indica que el primer paso es
partir del punto gris que surge de la mezcla del negro y el
blanco, y arribar al punto gris que surge de la mezcla del
rojo con el verde. ¿Cuál es la diferencia entre ambos puntos
grises? Klee considera que la polaridad entre blanco y negro
está más cerca de la nulidad dimensional y cromática y
que la polaridad verde-rojo se acerca al cromatismo y a la
dimensionalidad. Esa distinción cromática vale como una
metáfora pictórica, pero se puede traducir en nuestros términos como el tránsito entre lo no representable congelado
del *acting out* y lo que se ha podido representar en éste. En
los grises que hay entre el blanco y el negro, están todos los
colores, pero no se ven. Allí nuestro saber es teórico y no
es un dato que surja de un escrutinio empírico. Del mismo
modo, la víctima no advierte las representaciones posibles
que están presentes en su *acting out*. En cambio, entre el
rojo y el verde vemos que está en germen toda la paleta
de colores y podemos comprobar sus posibles mezclas.
Ambos puntos grises son igualmente puntos e igualmente
grises, pero en uno se ha arribado a un mundo incoloro
de matices del gris y, en el otro, se parte del gris hacia una
potencia de colores posibles. El punto gris es un nudo de

confluencias reversible *que permite hacer visible lo invisible*. El tránsito y el cambio de estado parte del punto gris que no es ni negro ni blanco, o es tanto negro como lo es blanco: es "gris porque no es ni cálido ni frío. Gris en tanto punto no dimensional, punto entre las dimensiones y en su intersección en el entrecruzamiento de los caminos. Establecer un punto en el caos es reconocerlo necesariamente gris en razón de su concentración principal y conferirle el carácter de un centro original desde donde el orden del universo va a brotar e irradiar en todas las direcciones… ese advenimiento corresponde a la idea de comienzo o mejor: al concepto de huevo". (Ibíd.: 56). Y culmina en el huevo, en ese centro original desde donde el universo va a brotar. Si lo trasladamos a nuestros términos, el *acting out* opaco y sin dimensiones se torna en un lugar fecundo del que pueden brotar nuevos sentidos. El paso por el punto gris implica para Klee una operación activa en la que se da un salto inicial y germinal. En el cambio de partido del gris-blanco-negro al gris-verde-rojo, la catástrofe es la misma y ya no es la misma. De lo invisible, aún informe y sin dimensiones del gris-blanco-negro, un sujeto salta al gris-verde-rojo, y con ello pasa de la inanidad a un acto fecundo. Al ver el grito mudo del caballo del Guernica de Picasso, podemos decir que éste no dice porque no hay nada que se pueda decir en ese horror; sin embargo, el recurso del grito mudo dice del horror indecible, el recurso plástico de elegir un animal que lo profiere, dice del plano inhumano en el que quedaron las víctimas. El grito mudo de Madre Coraje de B. Brecht dice del dolor desgarrador de una escena en la que no se puede decir el dolor de una vida. Ese grito mudo es mudo porque nada puede representar ese dolor, y es mudo porque todo el dolor cabe en él. El grito es una suerte de punto cero de la serie de las palabras, pero también el único modo de expresar lo que no se puede decir de otro modo, una bisagra que une el universo de lo decible y de lo indecible. Se da allí una extraordinaria metáfora visual de lo sonoro que apela a lo que se ve para mostrar lo que gritando no se grita. Un punto gris que se torna punto inicial invisible de todos los posibles colores.

La clave de la operación radica en el cambio de dirección que introduce un sujeto. En ese salto un sujeto impone su trazo apropiador de los hechos invisibles y hace de éstos un orden propio, una versión posible en la que participan. ¿Es que ahora se ven? No podríamos decir que se ven directamente, pero sí se ve su efecto de deformación en el sistema de los hechos que ya eran visibles. Se trata de un caso similar al caso astronómico de un planeta lejano cuya imagen no podemos captar, pero advertimos su participación en la deformación de las órbitas de los planetas cercanos que sí vemos. Lo invisible se hace visible merced a la deformación de los hechos visibles. Lo catastrófico ingresa en el sistema simbólico, apelando a una deformación de lo ya significado que muestre su participación.

Es difícil imaginar la posibilidad de un suceso nuevo que lo sea por entero, sin ninguna mezcla o participación de sucesos previos. El salto de lo no pensable a lo pensable, de lo invisible a lo visible es un salto que deforma al universo ya pensado y visible. La deformación producida incluye la "visión" inevitable de la catástrofe previa. En ese salto "se ve la deformación" de los planetas que antes no se veía. Es difícil saber en cada caso si se trata de la caída de una desmentida o si se crea en ese momento una nueva visión del universo. En la práctica, sea lo que sea que ocurre, a partir de ese momento se ven los hechos deformados por la presencia del planeta oculto, que es ahora visible en su deformación. En ese salto un sujeto se repone de su posición de ser el objeto del deseo irresistible de otro y adopta un lugar proactivo. Donde antes era objeto, ahora él juega. ¿Cuál ha sido el vector eficaz de tamaño cambio? En primer lugar, se produce una distancia; diremos que el juego es una ficción y, en esa ficción, el sujeto se constituye como tal. Adopta un lugar que en el fondo es ficticio y que impone una cierta deformación de los hechos. A esa deformación la he llamado "ficción subjetivante" en un texto anterior (Moguillansky, 2002)[163], pues esa creencia es el resultado de una acción subjetiva que impone un trastorno ficticio de la figuración de los hechos. Esa ficción es el producto de la subjetividad del autor y, en aquélla, es difícil establecer qué es primero, si la ficción sostiene al sujeto o si el sujeto sostiene la ficción. Una vez producida la metamorfosis del *acting out*, junto con el ícono de los hechos surge el sujeto que puede jugar con ellos.

En esa ficción, en esa deformación subjetiva de los hechos, hay un doble efecto de representación y de participación. El juego debe ser verosímil; debe producir un efecto de verdad, de presencia genuina de lo que aconteció, que muestre la plena participación de los elementos presentes en la catástrofe. Usando la metáfora astronómica, debe presentar el planeta oculto. Simultáneamente, también debe realizar una tarea de representación, en la que se produzca una amortiguación del deseo irresistible del otro. El gris-blanco-negro debe trocar su lugar por el gris-rojo-verde. El juego y el juguete presentan la catástrofe, pero al mismo tiempo dan una representación ficticia, virtual y subjetiva de su cruda y devastadora actualidad. En la vida lúdica, el aterrador e invisible deseo que produjo la catástrofe se articula en el visible, restringido y ahora reglado deseo atribuido al juguete. Ese cambio desde el *acting out* opaco al ícono no es menor. En este proceso reside la clave del giro simbólico y el ingreso de lo crudo en lo cocido, de lo actual en lo virtual, de lo salvaje en la ley. En ese pasaje se ingresa en las condiciones de las funciones

---

[163]   Moguillansky, C. "El papel de lo propio en la experiencia analítica", Ateneo Científico APDEBA, 2002.

del pensar, inventar, atribuir y representar. El grito salvaje que se inició como puro acto de descarga se transforma en una acción comunicativa que puede ser comprendida por el otro (Freud, 1895)[164].

Ese pasaje tiene sus límites y sus trasgresiones. En el aterrador momento de la catástrofe, la representación de los hechos resulta imposible. Parafraseando a Arfuch: "Demasiado cercano en la perspectiva del relato". Lo que había ocurrido era demasiado vívido y cercano como para permitir la mínima distancia exigible del acto de figurar. La posible representación de esa situación necesitaba transitar dos pasos clave entrevistos por Benjamin: 1) ver en ella el efecto de un deseo irresistible –de un ser superior, de la naturaleza salvaje, de... alguien fuera de la ley humana– y 2) restringir ese deseo irresistible a un campo de expresión posible, dentro de la previsión de la escala humana. El primer paso nos da la fórmula general de la catástrofe como hecho trágico: se trata de una *vivencia de nulidad representativa ante un hecho desencadenado por un deseo sin ley*. Es precisamente esa falta de ley del deseo la que desencadena la nulidad representativa y la incapacidad consecuente de dar una explicación posible, que dejan a la víctima en la posición pasiva del héroe trágico. Tanto las ideas de un acto divino o diabólico, natural o salvaje, loco o criminal son variantes de un agente que no responde a la ley, cuya demanda irresistible no se ha podido anticipar ni comprender.

En verdad ya esos adjetivos son atribuciones con las que se califica el hecho en un intento de elaboración. Estos calificativos parten de categorías humanas que definen lo

---

[164] Freud, S. ([1895]1950) *Entwurf einer Psychologie*. G. W. *Psychology project for neurologists*. Strachey. The Standard Edition, of the Complete Psychological Works of Sigmund Freud. The Hogarth Press and the Institute of Psycho-analysis, London, 1953.

ilegal como un acto sin ley ejercido por un humano y lo distinguen de lo que está fuera de la ley: un acto que no responde a la ley porque es ejercido por algo natural o sobrenatural. Esos atributos forman parte del paso dos, en el que se trata de explicar los hechos desde el drama de la escala humana. Esa explicación intenta localizar y dar forma a esa demanda y, si es posible, trata de hacer ingresar esos hechos dentro de alguna ley: la ley de Dios, de la naturaleza, de los hombres, etc. Un doble movimiento en el que un sujeto ordena al universo, define sus componentes y los prefigura en una regularidad que él pueda prever: una ley que permita tener alguna previsión y alguna respuesta, un orden de deseos.

Esos pasos se dan en un camino que se angosta y pueden fallar en su cabal representación y descarriarse hacia un exceso. En ese recorrido sólo se puede decir lo justo: ni decir de menos ni decir de más. No importa si la explicación es realista o esotérica, en tanto explique y sea creíble para quien la usa. La ignorancia, la inmadurez o el primitivismo dan explicaciones animistas que funcionan y que generan una elaboración. De hecho, la elaboración abarca un amplio espectro de producciones, desde las menos sofisticadas y omnipotentes –como las creencias animistas y el delirio– hasta las producciones en las que el juego (*Spiel*), el duelo (*Trauer*) y el simbolismo generan delicados hechos creativos llenos de sensibilidad. La elaboración explica y hace ingresar los hechos en la concepción; su amplio espectro depende de la diferente sofisticación de lo humano y sus consecuentes diferencias a la hora de aceptar una explicación.

El acto icónico de representación da un salto de lo actual a lo virtual, del grito al llamado. Lo mismo no es lo mismo, ¿se trata de una alegoría? En principio la respuesta es no; un relato trivial y externo de los hechos o una narración que fuera una suerte de copia de la catástrofe sólo sería una crónica sin esa necesaria presencia. En la representación de la catástrofe, no se trata necesariamente de mostrarla tal cual supuestamente se vio o se vivió. Lo que debe estar presente no es ni la copia ni su réplica. Es otra cosa. De otro modo, la representación no trasciende por encima de la catástrofe y permanece en ésta. Klee diría: "El punto gris se ha dilatado", en lugar de saltar por encima de sí mismo. En el juego el autor debe limitar y restringir el alcance de la catástrofe, sin traicionar su presencia, pero amortiguando su efecto arrasador. De ese modo se produce un germen, un posible inicio que da lugar a una representación de lo invisible. Ese germen es idiosincrásico y personal, y varía entre las personas y las comunidades. Puede variar incluso en distintos tiempos y momentos de la historia de cada persona y de cada colectivo, fecharse y recibir el nombre de un autor específico: es propio de fulano, es propio del Buenos Aires de 1871. Ese pasaje no es fácil de hallar, pues es una bisagra que resuelve tanto la necesaria puesta en presencia de lo invisible como la igualmente necesaria figurabilidad dentro del mundo visible; debe asir tanto lo crudo de la catástrofe como ingresar dentro de lo cocido de la comprensión humana.

El sujeto, el actor y el coro

En la representación debe existir un primer paso de presentación cruda, en la que los hechos sean revividos en su plena actualidad, en una suerte de brutal *acting out* que repita, reviva y haga presente a la catástrofe tal cual fue vivida, junto a su dolor. Esa presentación cruda debe luego virar hacia una representación que introduzca una brecha narrativa entre el sujeto y los hechos, y genere una versión excéntrica. El actor deviene coro griego y presenta los hechos dentro de un texto, en una ventana que tiene un marco que denota lo virtual de su interior. Tanto el actor como el coro representan los hechos, y ambos distinguen la representación narrativa de la presentación del hecho vivido. Sin embargo, la posición del actor está tan cerca de lo vivido que puede llegar a experimentar la misma certeza y pasión de la primera vivencia catastrófica. Entre las posiciones del actor y del coro, se da un nuevo paso en el distanciamiento representativo respecto de la catástrofe. El actor aún retiene la conjugación del yo y refiere los hechos desde la primera persona del indicativo. La posición narrativa del actor hace de su representación un *topos* cercano a la vivencia original. El coro mantiene una distancia mayor desde su posición excéntrica, que habla de lo sucedido a un tercero. En esa creciente puesta en virtualidad, la versión narrada ya no es la catástrofe actual y real, pero sólo es verídica si incluye una fuerte presencia de ella, si evoca esa imagen que reclamaba Deleuze. Si eso

se logra, se ha pasado del mundo práctico de los objetos al
mundo virtual de la representación. En términos de Klee, el
punto gris no se ha dilatado ni ha ocupado todo, sino que
viró hacia un punto gris que dio lugar a un ícono, a una
representación. Si la catástrofe se presenta en su tragedia
como el efecto de una confusión de lenguas, la catástrofe
como germen adopta el carácter de la conmoción de un
saber que pone en punto cero al saber sabido e inaugura
un nuevo modo de ver los hechos, un modo diagramático.
Esto es lo que nos dirá G. Deleuze (1981: 21-47)[165].

En su restricción de la catástrofe, el juego adopta un
valor inaugural. Se trata de un debut que, aunque se sostiene en lo sabido y traza lazos de sutura con éste, al mismo
tiempo rompe y declara que algo nuevo es visible ahora. Esa
nueva visibilidad exige nuevos puntos de vista. No se trata
sólo de que algo sea nuevo y deba ser mirado con nuevos
ojos, sino que esa novedad implica una nueva perspectiva
de todo, que incluye en ésta también lo sabido anterior.
La catástrofe-tragedia se torna catástrofe-germen si de
ésta surge una posibilidad de dar una representación de
sí, en la que esté presente sin ocuparlo ni arrasarlo todo,
y encuentra, en las pequeñas deformaciones introducidas
en la representación, su propia condición de visibilidad.
G. Deleuze (1981: 21-47)[166] llamó "diagrama" a la función
que produce un cambio de estado, al salto que hace posible
una producción indefinida.

Cuando la catástrofe ingresa en el juego, adopta el
carácter de un relato personal. Sin embargo, ya no es sólo
un relato. En esa expresión lúdica, hay un elemento singular que trasciende el efecto personal de quien sufrió la
catástrofe. El relato acarrea un afecto que afecta también a

[165]   Deleuze, G. Clase del 31 de marzo de 1981, Universidad de Vincennes,
         Pintura, Cactus, Bs. As., 2007.
[166]   Deleuze, G. Ibíd.: 21-47.

quien escucha su narración. Víctima y espectador se aúnan en ese acto testimonial. El efecto icónico de esa representación tiene el valor de transmitir lo que no es visible ni para la víctima ni para el espectador neutral. Sin embargo, esa invisible presencia se hace presente en la deformación que la víctima impone en su juego y en sus juguetes. Ese efecto icónico no es un monumento; es anónimo, no tiene nombres que lo encierren en una rememoración o en una conmemoración. Su anonimato lo eleva al carácter de hecho humano colectivo, en el que todos participamos por igual, como víctimas y como responsables de los hechos. Ese valor anónimo se verifica en las numerosas muestras de elaboración colectiva de una catástrofe y se advierte en el dolor que evoca el vaciamiento de las siluetas, tal como las muestra Magdalena Abakanowicz en sus obras del Parque de la Memoria. Es similar a lo que surge en el verso "La silueta es como una sombra vacía de quejas y tiene una voz que musita palabras sin sentido". (Pradelli, 2008)[167].

La obra de arte tiene la economía expresiva de decir en dos trazos lo que tratamos de describir en miles de palabras; muestra el hecho invisible y colectivo que nos afecta, y lo hace visible a quien lo quiera ver. ¿Qué es eso invisible que trasciende la tragedia personal? Los artistas logran localizarlo en su obra. Al releer la frase de Benjamin sobre el futuro del progreso, encontramos en ese texto una suerte de memoria del futuro, una memoria premonitoria dolorosamente veraz que se entrelaza en la frase de Kafka recordada por Deleuze[168]: "Lo que cuenta finalmente no es lo visible, es captar, detectar, las potencias diabólicas del

---

[167]   Pradelli, Ángela. El texto citado es un fragmento de su poema publicado en Ñ, N.o 28. "Algunas veces alcanzo a ver las siluetas en el perfil de los dioses que duran hasta el amanecer, pero son sombras sin consistencias, sombras vacías de quejas que tienen una voz que musita unas palabras sin sentido".

[168]   Deleuze, G. Op. Cit, pág. 80.

porvenir que golpean a la puerta, que golpean ya la puerta". (Kafka, 1904-24: 182)[169]. Lo que se representa no es visible directamente: es un hecho conjetural que se expresa en la entrelínea de lo dicho. En el abordaje psicoanalítico del juego, llamamos a este hecho "transferencia", esa nada de sentido que insiste y circula entre todas las escenas. Cuando el juego logra apropiar algo de una catástrofe y expresa su posible manifestación, estamos ante una recuperación simbólica que implica a todos: tanto a la víctima como a nosotros, en nuestra condición de espectadores, en tanto su mensaje trasciende la condición individual de la víctima y se eleva al carácter de hecho colectivo que a todos nos concierne. El fin de los tiempos de Messiaen se eleva hacia la condición humana. Si eso ocurre, estamos ante un hecho creativo el cual, más allá de tener autor y de estar fechado, adquiere un valor anónimo, el cual aporta una ganancia simbólica que trasciende sus condiciones de aparición. En este sentido la obra de arte se ofrece como un recurso simbólico de elaboración que trasciende su inicial cualidad manifiesta de ser un hecho estético.

[169] Kafka, F. "Cartas a Max Brod", en Wagenbach, K. *La juventud de Kafka*, M. Ávila, Caracas, 1989. Pág.182.

NN

"De todas las atroces secuelas que dejó el terrorismo de Estado, la que más llega a la sensibilidad colectiva es la de los niños desaparecidos".

Comisión Nacional por el Derecho a la Identidad.

Estamos explorando la experiencia del anonimato desde distintas direcciones. Una no menor surge a partir de la experiencia provocada por la desaparición de personas. La tarea de Missing Children nos retrotrae al doloroso momento de muchas familias que viven la desaparición de un hijo y quedan expuestas al peor de los tormentos: no saber de él. Estos hechos tienen algún punto de contacto con la desaparición forzada de personas en las que el lazo afectivo se ve ultrajado por una pérdida forzada, pero sobre todo ambigua en sus consecuencias. Ambas situaciones incluyen un dolor indecible agregado al dolor de pérdida, referido a la incertidumbre respecto de la suerte del ser perdido. No se trata sólo de un ultraje a la libertad o al derecho a la vida. La cuestión se extrema en un ultraje a la identidad propia del desaparecido y al derecho a saber qué ha sido de él. En aquellos tristes tiempos, el hábeas corpus era un recurso sólo válido en la ideología de unos pocos abogados valientes que se atrevían a interponer ese derecho ante un sistema que respondía desde la mentira pero, aún peor, desde su condición de anonimato. La interrelación entre ese anonimato y los actos clandestinos tuvo muchas caras y no pocas máscaras. Fue una guerra no declarada y desigual entre un sistema represivo organizado y un grupo de ciudadanos civiles. NN dice del anonimato de las víctimas. NN dice también de la clandestinidad anónima de los que ejercieron la desaparición forzada. NN dice de los cuerpos sin vida enterrados sin el menor reconocimiento de su identidad, de los cuerpos moribundos arrojados al río o al mar. Encontramos un recorrido estremecedor de NN: distribuido por un lado entre aquellos que ejercían actos públicos y a la vez clandestinos bajo la égida de un poder anómalo; y distribuido por el otro en seres que, habiendo perdido su derecho a la humanidad, fueron tratados como cuerpos sin nombre. NN era un modo de estar en el mundo ante un poder que sólo esperaba de ellos la delación, en el mejor de los casos, y usaba su poder para desarticular un poder opositor acusado de terrorista, pero que en verdad se dirigía a una población heterogénea de trabajadores, comisiones obreras, maestros, catequistas, monjas, curas, pastores y profesionales cuyo inusitado propósito era el de pensar en libertad.

NN dice de un modo de luchar y, en muchos casos, de un modo de padecer.

Sin embargo, nadie diría que estas dolorosas circunstancias acontecían en total oscuridad ni que los noticieros periodísticos no dieran algún grado de noticia de estas situaciones. Cada tanto se sabía de algún nuevo hábeas corpus o de una nueva desaparición. Un extraordinario poder pudo dar una versión neutra y desabrida de los hechos, disfrazando la complicidad de neutralidad informativa. El diario "objetivo" logra despojar del narrador a la noticia e impide en el lector la posibilidad de pensar y de producir una experiencia. Un punto a tener en cuenta si se trata de explicar el éxito de los noticieros que hacen de la guerra y de la muerte un espectáculo que entra en el living de cualquier hogar, sin ninguna mediación que proteja a la audiencia de una violencia que, sin duda, sería evitada si proviniera desde otro soporte. La audiencia se hunde en la superficie del espectáculo de la noticia show y pierde contacto con el dolor que los involuntarios actores de la guerra y de la muerte están sufriendo. El show del noticiero se puebla de innumerables NN, y un cierto goce secreto y morboso es distribuido por el show al consumidor. Una foto de una niña moribunda en África dio lugar a un amplio debate sobre la actitud noticiera del periodista, quien prefirió fotografiar a auxiliar a esa niña. La caída de la experiencia coincide con una pérdida simultánea de la humanidad. Lo que parece el testimonio impersonal y objetivo de la mirada periodística se ha vuelto, por imperio de la reversibilidad de la mirada, en una mayor toma de distancia, más que en una toma de contacto.

La importancia de un fuerte enlace entre lo propio de la persona y sus experiencias diarias se ve con más claridad si lo verificamos en una situación práctica. El epígrafe firmado por el CONADI señala una dificultad que tuvo que enfrentar la organización Abuelas de Plaza de Mayo al establecer la identidad de los nietos con los habituales tests de ADN. En algunos casos se comprobó la filiación con desaparecidos bajo la dictadura militar de 1976-1983, pero no se pudo establecer quiénes eran sus padres biológicos. Una serie de evidencias circunstanciales y de testimonios concurrentes permitió decidir que se trataba de un caso más en el que se podía asegurar la usurpación de identidad, pero los recursos de la antropología forense no alcanzaban para establecer la filiación. Esa situación tomó un extraño giro a partir de allí, pues esos nietos de Abuelas habían quedado en el terrible limbo de no ser hijos de nadie reconocible, pues por falta de información se desconocía su apellido. Al carecer del enlace con las reglas de reconocimiento vigentes, detrás del inconveniente social y legal, se da una terrible ambigüedad en el terreno mismo de la identidad personal que los deja sin un anclaje a una familia y a una tradición de identidad y, además, sin un anclaje simbólico fehaciente. Al igual que tantos otros hijos de desaparecidos el lugar de su nombre está ocupado en la práctica por una serie de fórmulas vacilantes que no logran cubrir al aún vacío casillero. La falla simbólica a su lugar genera la sensación de ser extraños a su propio mundo, "algo así como extraterrestres". Estos nuevos NN muestran dramáticamente el casillero vacío y el fracaso simbólico para dar el aporte correspondiente de definición y significación que ellos demandan como personas.

En un campo diferente, la cuestión del trastorno de la identidad en relación con la caída de las referencias simbólicas se puede comprobar de un modo similar. En su estudio sobre un paciente transexual, D. Quinodoz (2003)[170] describe la experiencia de Simon/e. Esta persona la consultó tras haber sido operada para cambiar su género. Los cambios de su cuerpo la dejaron en una extraña posición que queda evocada del modo más elocuente en su nombre biunívoco. El interés del análisis de ese caso trasciende el campo estricto del psicoanálisis e ingresa en el amplio debate sobre la condición humana. Curiosamente, al final de su análisis, Simon/e tuvo un sueño en el que se autorepresentaba como *un extraterrestre*. Consideraba que esa posición casi extraterritorial en relación con la diferencia de los sexos daba cuenta mejor de su propia situación. Había descubierto que su travesía por los cambios quirúrgicos de su "cuerpo equivocado" la había arrojado a un lugar sin enlaces con una posición sexual definida. Su cuerpo y él/ella mismo/a encontraba que sólo la ambigüedad de su nombre Simon/e daba el espacio para dar cabida a

---

[170]   Quinodoz, D. "Finalización del análisis de una paciente transexual", *Rev. Psicoanálisis APDEBA*, Controversias, 2003.

su propia y personal vivencia de ser ella... él... sí misma (Moguillansky, 2003)[171]. La cuestión de los extraterrestres y su relación con las relaciones de atribución de significado entre la vida y lo propio y personal debería ser explorada en el amplio campo de la adopción, donde la cuestión de la filiación está en el epicentro de una posición inestable. Las experiencias obtenidas tras la apropiación ilegal de niños y la implícita usurpación de identidad que ésta conlleva arrojaron alguna luz preliminar.

---

[171] Moguillansky, C. "Comentario sobre el trabajo de D. Quinodoz", *Rev. Psicoanálisis APDEBA*, Vol. 2/3. 2003.

PUNTO Y APARTE

Este texto se ha propuesto revisar los nexos entre la catástrofe y su elaboración en una historia posible. Al igual que un niño cuando juega, quienquiera que desee armar su historia debe respetar las condiciones de su confección. Esa saga se realiza siempre con una dirección paradójica, desde el presente hacia el pasado. Al decir de Didi-Huberman, se trata de "revolver los propios trapos", de seleccionar entre ellos cuáles se adecuan a la tarea y de resolver cómo armar con ellos el *patchwork* de la propia historia personal. Ese armado desprolijo busca responder con la mayor fidelidad a la experiencia vivida. Si apelo al juego como metáfora de la elaboración es porque él define el mundo creativo que es necesario para realizarla. El juego, al igual que el entresueño, ofrece un borroso campo entre el mundo subjetivo del sueño y el realismo de vigilia. Allí se dan las condiciones de mayor fidelidad con la realidad personal. Sólo una actividad tan imaginativa como es la del juego da el espacio adecuado para producir un intervalo donde quepan por igual las urgencias de la vida práctica y las necesidades subjetivas. Ese intervalo se muestra con la mayor claridad en el terreno de la imagen. Allí, en el contorno que ésta genera, el juego interpreta y se presta para unir la vida con la comprensión que brinda de ella.

La metáfora del entresueño llevó a Benjamin a recordar que las historias de Proust se iniciaban con un despertar. Llega a decir: "Así como Proust comienza la historia de su vida por el despertar, cada presentación de la historia debe comenzar con el despertar, e incluso, no debe ocuparse de otra cosa". (Benjamin, 1927-40: 405)[172]. Un despertar que se impone desde la urgencia práctica, pero que aún conserva la propia vida subjetiva del sueño. No hay otras materias para producir una historia genuina. Hemos estudiado la silueta en sus diferentes manifestaciones, y eso permitió entrever su valor de intervalo donde un juego adulto – de imágenes y de palabras– puede desplegar su función creativa y elaboradora. Su anonimato permite presentar y representar a quienes no pudieron hacerlo y se ofrece como una ofrenda a quien desee y pueda recogerla para mejorar su condición personal. Su silencio grita y le da forma de un llamado a los gritos silenciados por algún poder; sólo hace falta que sepamos oírlo si queremos ampliar nuestro horizonte humano.

---

[172] Benjamin, W. *París, capital du XIXe siècle. Livre des passages*. Le Cerf, París, 1993.

BIBLIOGRAFÍA

Abakanowicz, M., *Figuras caminando,* Parque de la Memoria.

Adorno, T. (1935), *Sobre Walter Benjamin,* Cátedra, Madrid, 1995.

Agamben, G. *Lo abierto. El hombre y el animal,* A. Hidalgo, Bs. As., 2006.

Agamben, G. *Lo que queda de Auschwitz. El archivo y el testigo. Homo sacer III,* Pretextos, Valencia, 2000.

Aizemberg, R. *Sin título,* Parque de la Memoria, 2003.

Alba, E. et al. (1989), "Crecimiento mental y desidentificación", *Rev. De Psicoanálisis* APA, 89/5, Bs. As., 1989.

Arasse, D. *On n'y voit rien,* Denoël, París, 2000.

Aristóteles. *Retórica.* Eudeba, Buenos Aires, 2005.

Arfuch, L. "Representación", *Términos críticos de sociología de la cultura,* Ed. C. Altamirano, Paidós, Bs. As., 2002.

Arfuch, L. "Memorias de la calle Pasteur" en *Crítica cultural, entre política y poética,* FCE, Bs. As., 2008.

Aryan, A. y Moguillansky, C. "Transferencia de latencia". *Rev. Psicoanálisis APDEBA,* 1991.

Austin, P. *How to do things with words,* Oxford Press, 1962. *Cómo hacer cosas con palabras,* Paidós, Bs. As., 1982.

Bajtin, M. "Fragmentos", *Revista Literaturaia uchiova,* 1978, N.o1.

Bajtin, M. *Estéticas de la creación verbal,* "El problema del texto en la lingüística, la filología y otras ciencias humanas", Siglo XXI, México, 1982.

Balat, M. "Le vide et la logique du vaque", *Revue d'études psychanalytiques*, N.o 19, 1996.

Barthes, R. *Mitologías* S. XXI, Bs. As., 2005. Pág. 229. *Mythologies*, Seuil, París, 1957.

Barthes, R. (1967). «L'effet du réel», *Le bruissement de la langue. Essayes critiques IV*, Seuil, París, 1984.

Barthes, R. *Sade, Fourier, Loyola*, Cátedra, Madrid, 1997.

Bartov, O. *War, Genocide and Modern Identity*, Oxford University Press, 2000. "Apocalyptic visions". Págs. 143-212. Citado por Burucúa J. E., en *Historia y ambivalencia*, Biblos, Bs. As., 2006.

Bateson, G. *Steps to an ecology of mind*, Ballantine Books, NY, 1972. Págs. 448.

Baudelaire, C. *Œuvres complètes*, Pichois, París, 1975.

Bauman, Z. *Legisladores e intérpretes*, Univ. de Quilmes, 1997.

Beckett, S. *El innombrable*, Ed. Alianza, Buenos Aires, 1953.

Benveniste, E. *Problemas de lingüística general*, Siglo XXI, México, 1988.

Benjamin, W. (1928), *Origine du drame baroque allemand*, Flammarion, París, 1985.

Benjamin, W. (1935), "La obra de arte en la era de su reproducibilidad técnica", en *Discursos interrumpidos*, Taurus, Madrid, 1973.

Benjamin, W. (1936), "El narrador", *Para una crítica de la violencia y otros ensayos. Iluminaciones IV*, Taurus, Madrid, 1998.

Benjamin, W. "Denkbilder", *Gesammelte Schriften*, Suhrkamp, Frankfurt, 1972.

Benjamin, W. *Angelus Novus: Ausgewählte Schriften 2*, Frankfurt am Main, Suhrkamp Verlag, 1966. Pág. 546.

Benjamin, W. *Sens unique*, Les lettres nouvelles, París, 1978. Cita de Didi-Huberman, *Lo que vemos...* Pág. 124.

Benjamin, W. *Dirección única*. Alfaguara, Madrid, 1987.

Benjamin, W. *Einbahnsstrasse*. Suhrkamp Verlag, Frankfurt am Main, 1955.

Benjamin, W. *Die Wiederkehr der flaneurs. Review of Hessel's Spazieren in Berlin. 1929.* También en "Der Flaneur". *Neue Rundshau. Fischer Verlag, 1967.*

Benjamin, W. "Erfahrung". *Schrifen, Band VII,* Suhrkamp Verlag, Frankfurt am Main, 1980.

Bion, W. *Experiencias en grupos,* Paidós, Bs. As., 1961.

Bion, W. *Learning from experience,* Heinemann, London, 1962. *Aprendiendo de la experiencia,* Paidós, Bs. As., 1987.

Bion, W. *Transformations,* Heinemann, London.

Blos, P. (1981), *La transición adolescente,* Amorrortu, Bs. As., 2004.

Borges, J. L. (1960), "El idioma analítico de John Wilkins", *Otras inquisiciones.* Emecé, Bs. As., 1994.

Botella, C. y S. *La figurabilité psychique,* Delachaux, París, 2001.

Bourdieu, P. *Lire les sciences sociales 1989-1992.* Belin, 1994.

Burton, R. (1638), Democritus Junior, *The anatomy of melancholy.* Original edition London, 1652.

Britton, R. & Steiner, J. "Interpretation: selected fact or over valued idea", Intern. *Journal of Psycho Analysis,* 75, 1994 *Rev. de Psicoanálisis APDEBA,* Vol. xxv, 2/3, 2003.

Burucúa, J. "Una explicación provisoria de la imposibilidad de representación de la Shoah", *Historia y ambivalencia,* Biblos, Bs. As., 2006.

Burucúa, J. *Historia, arte, cultura. De Aby Warburg a Carlo Ginzburg,* FCE, Bs. As., 2003.

Cage, J. "Jasper Johns: Stories and ideas", *J. Johns. Paintings, Drawings and Sculpture. 1954-1964,* London, White Gallery, 1964. Pág. 27.

Canestri, J. "La resonancia y la diferencia", *Rev. Arg de arte y psicoanálisis,* N.o 1 FBCA, Bs. As., 1991.

Carpani, R. *La política en el arte,* Coyoacán, Bs. As., 1962.

Catálogo Discrepancias, Museo Malba, Buenos Aires, 2008.

Certeau, de M. *La culture au pluriel*, Union Générale d'Editions, París, 1974.

Certeau, de M. *Artes del hacer*, México, 1996. "Faire la perruque" en *Arts de faire*, Gallimard, París, 1980.

Chabert, J. L. "Hadamard et les surfaces géodésiques a courbure négative" en *Chaos et déterminisme*, Seuil, París, 1992. Pág. 307.

Chabert, C. "Presentación de un caso clínico", Journal de Psychanalyse de l'Enfant N.o 7, 1989. *Revista Psicoanálisis* APDEBA, Vol. XIII, N.o 3, Bs. As., 1991.

Chartier, R. *El mundo como representación. Historia cultural: entre práctica y representación*. Gedisa, Barcelona, 1992.

Chartier, R. *Escribir las prácticas. Foucault, De Certeau, Marín*, Manantial, Bs. As., 1996.

Dahan-Dalmedico, A. Chabert, J. L. y Chemla, K. *Chaos et determinisme*, Seuil, París, 1992.

De Clerambault, G. "Primera concepción de un automatismo mental generador de un delirio", *Obra psiquiátrica*. Universidad de Querétaro, México, 1997. Pág. 117.

Deleuze, G. y Guatari, F. (1980), *Mil mesetas*, Pretextos, Valencia, 2000.

Deleuze, G. *Pintura*. Clase del 28 de abril de 1981, Cactus, Bs. As., 2007.

Deleuze, G. (1969) *La lógica del sentido*, Paidós, Bs. As., 2007.

Deleuze, G. *Diferencia y repetición*, Amorrortu, Bs. As., 2002.

Derrida, J y Dufourmantelle, A. *La hospitalidad*, De la Flor, Bs. As., 2000.

De Saussure, *Curso de lingüística general*, Planeta, Barcelona, 1984.

Deutsch, H. "Algunas formas de trastorno emocional y su relación con la esquizofrenia", *Rev. Psicoanálisis*, Vol. 2, 1968.

Diario Clarín del 19 noviembre de 1998.

Didi-Huberman, G. *Lo que vemos, lo que nos mira*, Manantial, Bs. As., 2006.

Didi-Huberman, G. *Ante el tiempo*, Adriana Hidalgo, Bs. As., 2005.

Dör, J. (1987) *Estructura y perversiones*, Gedisa, Barcelona, 1988.

Doschka, R. (2001) "A lyric poet in paradise and a dramatist in arcadia", *Paul Klee*. Pág. 19.   Prestel Verlag, Munich, 2007.

Ducrot, O. y Todorov, T. *Diccionario enciclopédico de las ciencias del lenguaje*, Siglo XXI, México, 1974.

Dulong, R. en *Le témoin oculaire. Les conditions socials de l'attestation personnelle*, EHSS, París, 1998.

Düchting, H. *Paul Cézanne*, Taschen Verlag, Köhln, 1990. Pág. 214.

Eco, U. (1990), *Los límites de la interpretación*, Lumen, Barcelona, 1998.

Eco, U. *Signo*, Labor, Barcelona, 1976.

Eco, U. "Las razones de un equívoco", *El mundo. Cultura*, 11 de marzo de 2005. N.º 5569.

Fairbairn, W. *Estudio psicoanalítico de la personalidad*, Hormé. Bs. As., 1966.

Farocki, H. *Bilder der Welt und Inschrift des Krieges*, 1988. film,75 minutos.

Foucault, M. *Les mots et les choses*, Gallimard, París, 1966. *Las palabras y las cosas*. Siglo XXI, Bs. As., 30.ª ed., 2001.

Foucault, M. *L'Archéologie du savoir*, Gallimard, París, 1969.

Foucault, M. *Histoire de la sexualité,* Gallimard, París, 1976. *Historia de la sexualidad*, Siglo XXI. Bs. As., 2002.

Freud, S.

——"Proyecto de una psicología para neurólogos" (1895),

——*"La interpretación de los sueños"* (1900),

——"Análisis fragmentario de una histeria. Epílogo" (1905),

——"Personajes psicopáticos en el teatro" (1906),

——"Dinámica de la transferencia" (1912),

——"Lo inconsciente" (1915),

——"Recuerdo, repetición y elaboración" (1917),

——"Historia de una neurosis infantil" (1917),

——"Lo siniestro", (1919),

——*Más allá del principio del placer* (1920),

——"La negación" (1925),

——*Malestar en la cultura* (1930),

——"La escisión del Yo en el proceso de defensa" (1938[40]).
Gesamelte Werke. Fischer Verlag, Frankfurt, 1968. *The Standard Edition of the Complete Psychological Works of Sigmund Freud,* Hogarth Press, London, 1959. *Obras completas,* Amorrortu ed., Bs. As., 1979.

Giardinelli, M. *Imposible equilibrio,* Seix Barral, México, 1993.

Giorgione, (1508-10), *La Venus dormida,* Gemäldegalerie, Dresde.

Green, A. (1972), *De locuras privadas,* Amorrortu, Bs. As., 1996.

Grüner, E. *El sitio de la Mirada,* Vitral Norma, Bs. As., 2001.

Grüner, E. Prólogo a Catanzaro, G. e Ipar, E. *Las aventuras del marxismo,* Gorla, Bs. As., 2003.

Groupe µ. Retórica general, Paidós, Bs. As., 1987.

Groupe µ. Traité du signe visuel. Pour une rhétorique de l'image, París: Seuil, 1992. *Tratado del signo visual,* "El signo icónico". Pág. 118.

Guinzburg, C. (1976), *El queso y los gusanos,* Península, Barcelona, 2001.

Ginzburg, C, "Unus testis. Lo sterminio degli ebrei e il principio di realtà", *Quaderni storici 80,* 1992. Págs. 520-548.

Hadamard, J. (1898), *Journal de mathématiques pures et appliquées,* Tome IV, París, CNRS, 1968. Págs. 27-63.

Hall, S. *Representation. Cultural representations and signifying practices,* Sage, London, 1997.

Hardwick, C. *Semiotic and Signifies, The correspondence between Charles Peirce and Lady Welby*, Bloomington, IUP, 1977. Pág. 83.

Heidegger, M. *Die Grudbegriffe der Metaphisik*, Klosterman, Frankfurt, 1992.

Hoffmeyer, J. *Signs of meaning in the universe*, Bloomington, IUP, 1997.

Horkheimer, M. (1936), "El egoísmo y el movimiento emancipador", *Autoridad, familia y otros escritos*, Paidós Ibérica, Barcelona, 2001.

Jaeger, W. *Paideia*, FCE, México, 1993.

Jakobson, R. "Lingüística y poética", *Ensayos de lingüística general*, Planeta, Barcelona, 1985.

Janet, P. *El automatismo psicológico*, 1889. *L'automatisme psychologique*, París, Alcan, 1889.

Joyce, J. *Ulysses* (1922). Traducción castellana: *Ulises*, Santiago Rueda, Bs. As., 1978.

Kafka, F. "Cartas a Max Brod", en Wagenbach, K. *La juventud de Kafka*, M. Ávila, Caracas, 1989. Pág. 182.

Kandinsky, W. *Uber das Geistige in der Kunst*, Piper Verlag, Munchen, 1912.

Kandinsky, W. *Klange*, Pipier Verlag, Munchen, 1912. *Sounds*, New Haven, Yale UP, 1981

Kandinsky, W. *Punkt und Linie zu Fläge, beitrag zur Analyse des malerischen Elemente*, Munchen, 1926.

Klee. P. *Angelus Novus*. Museo de Israel. Jerusalén.

Klee, P. (1923). *Calle en el campo. Strasse im Lager*. 25,3 x 31 cm. Rosengart Collection, Lucerna.

Klee, P. *Teoría del arte moderno*, Cactus, Bs. As., 2007. Pág. 55. *Schriften*, Ch. Geelhard ed., Cologne 1976 y *Beiträge zur bildnerischen Formlehre*, Glaesemer, ed. Basle-Stuttgart, 1979.

Klein, M. (1929), "La personificación del juego de los niños", *Contribuciones al psicoanálisis*, Paidós, Bs. As., 1953.

Klein, M. "Infantile anxiety reflected in a work of art and in the creative impulse" in *Love, guilt and reparation. Writings*, Hogarth Press, London, 1975.

Klossowski, P. *La moneda viviente*, Alción, Córdoba, 1998.

Kojève, A. *Introduction à la lecture de Hegel*, Gallimard, París, 1947. *Dialéctica del amo y el esclavo*, Pléyade, 1972.

Lacan, J. (1953) *Función y campo de la palabra y del lenguaje en psicoanálisis. La psychoanalyse*, PUF, Vol. 1 1956. Págs. 81-166.

Lacan, J. (1962-3) *Seminario de la angustia*, Paidós, Bs. As., 2006.

Lakoff, G. & Johnson, M. *Metáforas de la vida cotidiana*, Cátedra, 2004.

Laplanche, J y Pontalis, J. B. *Fantasía originaria, fantasía de los orígenes y origen de la fantasía*, Gedisa, Barcelona, 1986.

Lash, S. "Símbolo y alegoría: Simmel y la sociología alemana". *A different rationality*. Blackwell, London, 1999.

Laufer, M. y E. *Adolescence and developmental break down*, N. H. and L. Y. University Press, London, 1984.

Leonardo da Vinci (1513-1515), *San Juan Bautista*, Louvre, París.

Levi, P. *Si esto es un hombre*, Biblos, Bs. As., 2000.

Levy-Strauss, C. "La eficacia simbólica", *Antropología estructural*, Siglo XXI, México, 1958.

Lipovetsky, G. *La era del vacío*, Anagrama, Barcelona, 1996.

Lispector, C. "La quinta historia", *Cuentos reunidos*, Alfaguara, México, 2001.

Longoni, A. y Bruzzone, G. *El siluetazo*, Adriana Hidalgo, Bs. As., 2008.

Lorenz, E. "Deterministic nonperiodic flow", *Journal of the atmospheric sciences*, 20, 1963. Pág. 130.

Louandre, C. "Statistique littéraire de la production inte-
    llectuelle en France depuis quinze ans", *Revue de deux
    mondes,* 15 de noviembre de 1847.

Lukacs, G. Metaphysic der Tragödie. *Die Seele und die
    Formen,* Ensayos, Berlín, 1911.

Lukacs, G. *Prolegomena zu einer marxistischen Aesthetik,*
    Budapest, 1954. Versión española: Grijalbo, Madrid,
    1969.

McIntyre, J. *After virtue, a study in moral theory,* Univ. Notre
    Dame Press, 1981.

Madsen, H. *Malerinden Ruth Weber,* Nordisk Literatur
    Forlag, Odense, 1968.

Malosetti-Costa, L. Los *primeros modernos.* Arte y sociedad
    en Buenos Aires a fines del siglo XIX, Bs. As., FCE, 2001.

Manet, E. (1863) *Olympia.* Musée d'Orsay. París.

Márai, S. *La hermana.* Salamandra, Barcelona, 2007.

Marín, L. "Les femmes au tombeau. Essai d'analyse struc-
    turale d'un texte évangélique". *Langages,* VI, N.o 22,
    1971. Págs. 39-50.

Marin, L. *Des pouvoirs de l'image,* Seuil, París, 1995.

Matson, W. "Hegesias, the death persuader", in *Philosophy,*
    73, Cambridge University Press, 1998. Págs. 553-7.

Meltzer, D. *Estados sexuales de la mente,* "Terror, persecu-
    ción y temor". Kargieman, Bs. As., 1974.

Meltzer, D. *The claustrum,* Clunie Press, Perthshire, 1992.

Metz, C. *Psicoanálisis y cine: el significante imaginado,* G.
    Gilli, Barcelona, 1979.

Michäelis, K. (1929) "El espacio vacío". "Der leere Fleck",
    Berliner Tageblatt el 24/3/1929, Berlín.

Miller, J. A. Conferencia dictada en agosto de 2000 en la
    Asociación Psicoanalítica de Buenos Aires.

Moguillansky, C. (2000) "El papel de las creencias en las pér-
    didas y el duelo". Panel plenario de cierre del Congreso
    Uruguayo de Psicoanálisis. *Los duelos y sus destinos.*
    Libro del congreso, Tomo I. Págs. 45-54.

Moguillansky, C (2000), "La comunicación en el dispositivo
analítico". Congreso FEPAL, Gramados, 2000. Inédito.

Moguillansky, C. "Comment on Panel: Clinical aspects
of Suicide: R. Perelberg and A. Bell's papers" *Acts of
Hamburg International Congress Suicidality*, 2001.

Moguillansky, C. "Suicidio" *Ciclo de conferencias en Instituto
Universitario ELEIA*, México DF, Mayo 2002, Editor.

N. Bleichmar, *Diálogos clínicos en psicoanálisis.
Contribuciones de Carlos Moguillansky*, ELEIA. México,
2006.

Moguillansky, C. "El papel de lo propio en la experiencia
analítica", Ateneo Científico APDEBA, 2002. Archivos
Secretaría Científica APDEBA.

Moguillansky, C. "Comentario sobre el trabajo de D.
Quinodoz", *Rev. Psicoanálisis APDEBA*, N.o 2, 2003.

Moguillansky, C. 2006. "Las defensas maníacas", Ateneo
Científico de APDEBA, marzo 2006. Archivos Secretaría
Científica APDEBA.

Moguillansky, C. "La invención de la experiencia". *R.
Psicoanálisis APDEBA*, 29, 2007. Págs. 2, 341-361.

Moguillansky, C. "Presencia y persona del analista", Ateneo
Depto. Niñez y Adolescencia, APDEBA, 2008.

Moreno, J. *Ser humano*, Del Zorzal, Bs. As., 2002.

Muller, J. "Lacan's view of sublimation", *The Amer. Journal
of Psycho-Anal*, Vol. 47, N.o 4, 1987. Págs. 315-323.

Navarro, J. B. Comunicación personal.

Nietzsche, F., *Sobre la verdad y mentira en sentido extramoral*, en O. C., Buenos Aires, Aguilar, 1963.

Okuda, O. "Zerteilen und Neukombinieren–über die
spezielle Technik von Paul Klee", *Bunkagaku-Nempo*.
University of Kobe, N.o 2, march, 1983. Cita de Rümelin,
C. en "Klee's interaction with his own oeuvre", *Paul
Klee*, Prestel Verlag, Munich, 2007.

Olsen, O. "Depression and reparation as M. Klein's themes in the analysis of Ruth Weber" in *The Scandinavian Psychoanalytic Review,* Stockholm, 2004.

Oppenheim, D. *Monumento al escape.* Parque de la Memoria.

Pacula, A. *La decisión de Sophie,* film sobre el libro de W. Styron, protagonizada por M. Streep y K. Kline, 1982.

Panofsky, E. *Tiziano, problemas de iconografía.* Akal, Madrid, 2003.

Peirce, Ch. *La ciencia de la semiótica.* Nueva Visión, Bs. As., 1974.

Perelberg, R. "Relationship between violence and suicide", *Acts of Hamburg International Congress Suicidality,* 2001.

Picasso, P. *Reviews and Essays,* Cologne, 1976. Pág. 97.

Pico della Mirándola, G. *De la dignidad del hombre,* Editora Nacional, Madrid, 1984.

Pittsburg's Peace and Justice Newspaper, Vol. 38, N.o 8, Tomas Merton Center, 5125 Penn Ave, 15224 PA, Setiembre 2008.

Platón. *Teeteto, o sobre la ciencia,* Madrid, 1990.

Poe, E. A. *Cuentos. La carta robada,* Versión de J. Cortázar, Alianza Editorial, Bs. As., 1998.

Poincaré, H. (1897) "The relativity of space", *Science and method,* Milton, NY, *Science et méthode,* Flammarion, París, 1914. www.marxists.org. /reference /poincare. htm.

Pradelli, Ángela. *Revista Ñ,* N.o 28.

Quinodoz, D. "El fin del análisis de una paciente transexual". Rev. Psicoanálisis APDEBA, N.o 2, 2003.

Rabinovich, "La dynamique chaotique des systèmes simples", Priroda, 1981. Pág. 54.

Récanati, F. *La transparence et l'énonciation,* Seuil, París, 1979.

Ricoeur, P. *La metáfora viva*, Megápolis, Bs. As., 1977. London, 1986.

Ricoeur, P. *Soi-même comme un autre*, Seuil, París, 1990. *Sí mismo como otro*. Siglo XXI, México, 1996.

Ricoeur, P. *La memoria, la historia, el olvido*, FCE, México, 2004. *La mémoire, l'histoire, l'oubli*, Seuil, París. 2000.

Rorty, R. *Contingencia, ironía y solidaridad*, Paidós, Barcelona, 1991.

Rousseau, J. J. (1758) *Lettre à D'Alembert, sur les spectacles*, Flammarion, París, 1999.

Sarlo, B. lo relaciona con el giro subjetivo en *Tiempo pasado*, Siglo XXI, Bs. As., 2005. Pág. 22.

Sartre, J. P. "El amigo del pueblo". Entrevista publicada en *L'idiot International N.o 10, setiembre 1970*.

Sauri, J. *Las histerias*, Nueva Visión, Bs. As., 1975.

Segal, H. "A psychoanalytic approach to aesthetics", *The work of Hanna Segal*, FAB.

Segal, H. *Dream, phantasy and art*, Routledge, London, 1992.

Semilla Durán, N. "Presentación, representación, teatralización". *R. de la Plata*, N.o 19, La Rioja, 1997. Págs. 275-284.

Simmel, G. *El individuo y la libertad. Ensayos de crítica de la cultura*, Península, Barcelona, 1986. Pág. 122.

Sharpe, E. *El análisis de los sueños*, Hormé, Bs. As., 1964.

Shils, E. "Las tradiciones en la vida intelectual", *Los intelectuales y el poder*, Tres Tiempos, Bs. As., 1960.

Skapski, J. *Correo de la UNESCO*, octubre 1978.

Smith, W. *The Commedia dell'arte*. Columbia University Press, NY, 1912. Págs.1-20.

Steimberg, O. *Semiótica de los medios masivos*, Atuel, Bs. As., 2005.

Steimberg, O. y Traviesa, O. *Estilo de época y comunicación mediática*, Atuel, Bs. As., 1997.

Tiziano.(1538), *La Venus de Urbino*, Gallería degli Uffizi, Florencia.

Thom, R., *Structural stability and morphogenesis*, Wesley, NY, 1975.

Trendelemburg, F. A. *Logische Untersuchungen*, Leipzig, 1870. Citado por Lukacs G. Ibíd. p. 111.

Tustin, F. «Revised understandings of psychogenic autism», *Intern. Journal of Psychoanalysis*, 72, 4, 1991. Pág. 585.

Smith, T. *The Black Box*, 1961, Norman Ives Collection, New Haven, painted wood, 57x84x84cm.

Smith, T. *Die*, 1962, Paula Cooper Gallery, N. York, Steel, 183x183x183cm.

Swiebocka, L. et al. Auschwitz. *A history in photographs*. IUP, Indiana, 1995.

Üexkull von, J. *Ambiente e comportamento*, Il Saggiatore, Milano, 1967.

Üexkull von, T. "Meaning and science in Jacob von Üexkull concept of biology", *Semiótica*, 42, 1982. Págs. 1-24.

Valeros, J. "La coerción, problemas de técnica en el psicoanálisis de niños", *Revista Psicoanálisis* APDEBA, Vol. VII, N.o 3, Bs. As., 1985.

Verón, E. "Signo", *Términos críticos de sociología de la cultura*, Director Altamirano, Paidós, 2002.

Verón, E. *La semiosis social, fragmentos de una teoría de la discursividad*, Gedisa, 1993.

Vitale, A. *El estudio de los signos. Peirce y Saussure*, Eudeba, Bs. As., 2002.

Wagner, A. "Drawing a blank". *Representation N. 72*. UCP, California, 2000.

Weir, P. *Truman Show*, film protagonizado por Jim Carrey, Paramount Pictures, 1998.

White, H. (1966) "The Burden of History", in *Tropics of Discourse: Essays in Cultural Criticism*, Baltimore, John Hopkins, 1978. Págs. 27-50.

Williams, R. *Keywords*. Harper Collins. *Palabras clave*. Nueva Visión, Bs. As., 2003.

Winnicott, D. (1955) "Meta psychological and clinical aspects of regression within the psychoanalytic set-up", I. J. of Psycho Analysis, Vol. 36. Págs. 16-26.

Winnicott, D. "Transitional objects and transitional phenomena" (1953). "The use of an object and relating through identifications" (1969), *Playing and reality*, HPE, London, 1969.

Wolf, N. *Expresionism*, Taschen, Kohln, 2004, págs. 28-29.

Wollheim, R. "Minimal Art". *On art and the mind*. London-Cambridge, Harvard Univ. Press, 1974. Pág. 101.

www.ingramcontent.com/pod-product-compliance
Lightning Source LLC
Chambersburg PA
CBHW020610270326
41927CB00005B/265